Svegliatevi Figli Miei!

Conversazioni con Sri Mata Amritanandamayi

Volume 7

Svegliatevi Figli Miei!

Conversazioni con

Sri Mata Amritanandamayi

Volume 7

Swami Amritaswarupananda

Mata Amritanandamayi Center, San Ramon

California, Stati Uniti

Svegliatevi Figli Miei! – Volume 7
di Swami Amritaswarupananda Puri

Pubblicato da:
Mata Amritanandamayi Center
P.O. Box 613
San Ramon, CA 94583
Stati Uniti

––––––––––––– *Awaken Children Volume 7 (Italian)* –––––––––––

Prima edizione a cura del MA Center: marzo 2018

In Italia:
www.amma-italia.it
info@amma-italia.it

In India:
inform@amritapuri.org
www.amritapuri.org

Questo libro è un umile omaggio ai

Piedi di loto di Sri Mata Amritanandamayi

la fulgida Luce che dimora

nel cuore di tutti gli esseri

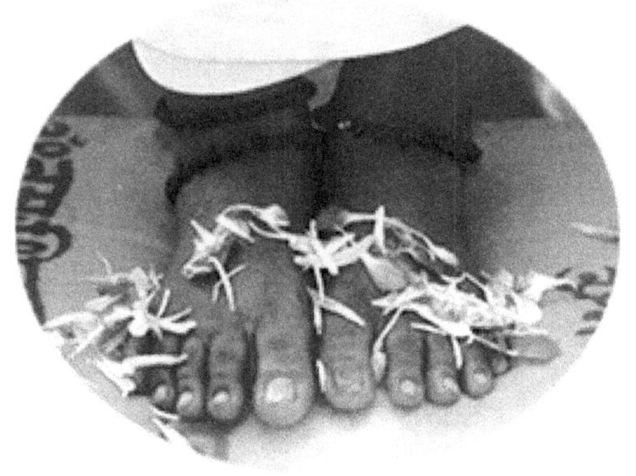

Vandeham-saccidānandam-bhāvatīvam jagatgurum
Nityam-pūrnam-nirākāram-nirgunam-svātmasamsthitam

M'inchino al Maestro dell'universo che è *Sat-Cit-Ananda* (Pura Esistenza-Coscienza-Beatitudine), Colui che trascende ogni differenza ed è eterno, completo, privo di attributi e di forma e che dimora stabilmente nel Sé.

Saptasāgaraparyantam-tīrthasnāphalam-tu-yat
Gurupādapayōvindōh-sahasrāmsena-tatphalam

Qualunque merito acquisito attraverso pellegrinaggi e bagnandosi nelle acque sacre, comprese quelle dei sette mari, non eguaglia nemmeno la millesima parte del merito derivato dal bere l'acqua dell'abluzione dei Piedi del Guru.

Guru Gita 157, 88

Indice

Prefazione

Praticare il *Vedanta* nella propria vita significa immergersi profondamente nella vita vera, conoscerla in tutto il suo splendore e la sua gloria, e farne l'esperienza. Il *Vedanta* non nega la vita, al contrario, la esalta e ne è parte integrante. Questa filosofia non tratta di qualcosa che è al di fuori di noi, ma insegna la conoscenza di noi stessi, della nostra vera natura, della nostra vera esistenza. In realtà, la vera vita inizia quando cominciamo ad esplorare il nostro Sé interiore; solo allora comincia il nostro vero viaggio. A questo proposito, Amma dice: "Le pratiche spirituali devono diventare parte indispensabile della nostra vita, come lo sono il mangiare e il dormire. Senza creare un equilibrio tra la dimensione spirituale e quella materiale non è possibile trovare una felicità autentica e realizzare lo scopo della vita. Questo equilibrio è il cuore stesso dell'esistenza e anche il fine del *Vedanta* e di tutte le vere religioni del mondo".

Per me questo libro, che è il settimo della serie "Svegliatevi Figli Miei!", costituisce la quintessenza del *Vedanta* e indica una via sicura per riuscire a vivere una vita felice. Ogni parola che contiene è profonda e racchiude la totalità della spiritualità e dell'esistenza. La lettura di questo testo potrebbe diventare una meditazione, offrirci uno sguardo fugace al nostro Sé interiore.

In ogni parte del mondo vi sono tante persone considerate esperte nel loro campo specifico che tengono discorsi e conducono seminari su come vivere una vita felice e di successo, alleviare lo stress, e così via. Si tratta di un fenomeno piuttosto comune dell'epoca moderna. Questi incontri producono risultati positivi, ma a lungo andare sono inefficaci. Il loro effetto è passeggero e le persone tendono poi a ricadere nei loro vecchi schemi mentali. Perché? Perché gli stessi istruttori non sono in grado di approfondire il problema, scoprirne la vera causa, analizzarla ed eradicarla completamente. Solo un vero Maestro come la Madre può farlo.

L'era in cui viviamo è caratterizzata dalla paura, dall'angoscia e da una terribile e profonda sofferenza. Come uscire da tale dolore? Come approdare all'altra riva dell'esistenza? Come rimanere calmi e in pace in mezzo a tutto questo disordine e a questa confusione? La Madre ci mostra la via. Non solo, ci prende per mano e ci guida alla meta. Qual è dunque il segreto? Amma dice: "Siate il Testimone e non allontanatevi mai dal vero centro della vostra esistenza. Dimorate nel Sé e osservate ciò che accade. Una volta appresa l'arte di essere testimone, che è la vostra vera natura, tutto diventa un meraviglioso e delizioso gioco".

Nei suoi dialoghi con i discepoli e i devoti, la Madre, l'incarnazione della Verità suprema, rivela vari livelli di conoscenza a beneficio dei suoi figli. Così, illuminati dalle parole dolci e amorevoli della nostra amata Madre, il cammino diventa chiaramente visibile. Non ci resta che percorrere questa strada tracciata. Non preoccupatevi, non c'è nulla da temere, perché Amma sa che siamo dei bambini che stanno muovendo i loro primi passi. Quindi lei cammina al nostro fianco e ci tiene saldamente la mano, aiutandoci e guidandoci con infinito amore e compassione. La vittoria è nostra.

Swami Amritaswarupananda
M.A. Math, Amritapuri
Kollam, Dt., Kerala 690546
India

*****

La maggior parte dei fatti riportati in questo libro si sono svolti tra l'inizio di ottobre del 1984 e il gennaio del 1986, ad eccezione di tre eventi: la visita della Madre al tempio di Minaksi (1977), l'annuncio della fine del *Krishna-bhava* (ottobre 1983) e la morte del poeta Ottur Unni Nambutiripadu (25 agosto 1989).

*****

Capitolo 1

Non il sé limitato, ma l'Atman infinito

Come fa la Madre a trasformare la vita di tante persone, soprattutto quella dei giovani che non hanno ancora gustato i piaceri della vita? Questa è una domanda che si pongono moltissimi, devoti o meno. La risposta è semplice: quando siamo in presenza di Amma e guardiamo nei suoi occhi, ci viene offerto un barlume del nostro vero Sé. Gli occhi della Madre riflettono l'infinito. Tutto il suo essere ci lascia intravedere lo stato che è al di là della mente, in cui l'ego è completamente assente. In Amma contempliamo la nostra stessa purezza, la purezza dell'amore immacolato, la purezza del Sé (*Atman*[1]).

Immaginate che per tutta la vita abbiate mangiato cibo di pessima qualità e che un giorno vi capiti di fare un pasto molto nutriente e davvero delizioso. Dopo averlo gustato, se vi fosse data l'occasione di procurarvi facilmente questo tipo di cibo, ne cerchereste ancora uno di qualità scadente? No, inizierete a volere solo ciò che è sano e saporito. Allo stesso modo, alla presenza della Madre e attraverso ogni suo sguardo, tocco, parola o gesto, possiamo assaporare l'ambrosia dell'immortalità. Un assaggio è sufficiente per farci capire che lì dimora la nostra vera natura, l'*Atman*. Scopriamo inoltre che tutti i piaceri di cui abbiamo goduto finora non sono nulla se paragonati a questa esperienza di

[1] Il significato delle parole in corsivo è nel glossario alla fine del libro.

beatitudine. Per la prima volta veniamo a conoscenza del fatto che non siamo il corpo o questo piccolo sé limitato, ma il Sé onnipotente e infinito, l'*Atman* o Dio. Per citare le parole della Madre: "Diventiamo consapevoli che non siamo un agnellino spaurito ma un leone possente". Questa storia che Amma racconta, illustra molto bene questo punto.

"Un giorno una gallina covò un uovo d'aquila che era capitato in mezzo alle altre uova. Dopo un po' le uova si schiusero e i pulcini uscirono dal guscio. L'aquilotto crebbe assieme ai pulcini, raspando e becchettando il terreno in cerca di vermi. Ignorava totalmente la sua vera natura, non sapeva di essere un'aquila possente. Trascorsero giorni e poi mesi, i pulcini crebbero e diventarono dei polli. L'aquilotto continuava a razzolare con loro, vivendo nella totale illusione di essere uno di loro. Un giorno, mentre volava altissima nel cielo, un'aquila vide il nostro pollo-aquilotto che raspava la terra e becchettava i vermi assieme alle sue compagne. Allibita, decise di salvarlo risvegliandolo dall'illusione in cui viveva, e attese l'opportunità di poterlo incontrare. Un giorno, quando era lontano dal gruppo, l'aquila scese dal cielo e si accostò a lui. Vedendo il grande rapace avvicinarsi, il pollo-aquilotto si spaventò e si mise a starnazzare come una gallina. Immediatamente le sue compagne corsero in suo aiuto e così l'aquila volò via.

Da quel momento, il pollo-aquilotto cominciò a stare sempre più per conto suo e così l'aquila poté incontrarlo nuovamente. Questa volta si accostò a lui con cautela e dolcezza e, tenendosi a distanza, gli disse che era un'amica, non una nemica, e che aveva qualcosa di molto importante da dirgli. Sospettoso, il pollo-aquilotto cercò di scappare, ma l'aquila riuscì a convincerlo ad ascoltarla. Gli spiegò che lui non era un semplice pollo ruspante bensì un'aquila possente come lei, capace di librarsi nell'immensità del cielo. 'Tu non appartieni alla terra, ma al cielo infinito' gli disse il rapace. 'Vieni con me a gustare l'ebbrezza di volteggiare nel cielo. Puoi farlo perché tu sei identico a me, hai le mie stesse capacità. Coraggio, prova!'

Sulle prime, il pollo-aquilotto era incredulo e pensava che potesse trattarsi di un tranello. Ma l'aquila era determinata a non lasciar cadere la cosa e, grazie alla sua pazienza e al suo tatto, riuscì a conquistare gradualmente la fiducia del pollo-aquilotto e lo invitò ad andare con lei fino a un lago vicino. Cominciando ad avere fiducia nell'aquila e sentendosi un po' più sicuro, il pollo-aquilotto la seguì. Quando furono sulla riva, l'aquila disse: 'Guarda nell'acqua, osserva la tua immagine. Vedi quanto ci somigliamo'? Il pollo-aquilotto guardò nell'acqua immobile e trasparente e vedendo quel riflesso non riuscì a credere ai suoi occhi. Era la prima volta che vedeva la sua immagine, il suo vero aspetto. Ora sapeva di non somigliare assolutamente a una gallina e che era l'immagine esatta dell'aquila del cielo. Questa esperienza accrebbe considerevolmente la fiducia in se stesso e anche nell'aquila del cielo, tanto che cominciò ad ubbidire senza riserve a tutte le istruzioni dell'aquila. Inizialmente ebbe qualche difficoltà ad alzarsi da terra, ma in breve fu possibile vedere le due aquile volare assieme, solcando maestose il cielo".

La Madre disse:

"La maggior parte delle persone si comporta come il pollo-aquilotto, vivendo nell'ignoranza, ignara della sua vera dimora. Figli, voi siete il Sé onnipotente. L'intero universo vi appartiene. Voi siete il Signore dell'universo – in effetti voi siete l'universo. Non pensate di essere deboli, limitati e impotenti".

Alla presenza della Madre possiamo avere un barlume della nostra natura reale. In lei ritroviamo la nostra vera identità. In silenzio la guardiamo stupefatti perché per la prima volta si apre davanti a noi uno spiraglio della nostra vera esistenza. Quando la Madre ci dice che non siamo soltanto il corpo o il piccolo sé ma il Sé supremo, le sue parole arrivano dritte al nostro cuore perché scaturiscono dalla Verità suprema, dall'*Atman* stesso. Prima la Madre ci conquista completamente e poi, a poco a poco, ci insegna a librarci verso le più alte vette della spiritualità. Noi stiamo vivendo come polli-aquilotti, ignorando chi siamo. Alla luce della presenza di Amma, percepiamo in un lampo che non apparteniamo a questo mondo e che siamo il Sé supremo.

Identificandoci con il corpo, la mente e l'intelletto, viviamo nell'illusione come il pollo-aquilotto. Noi siamo aquile dorate, possenti, in grado di volteggiare nell'immensità del cielo spirituale; eppure viviamo e moriamo come polli da cortile, senza conoscere la nostra vera natura.

Capitolo 2

La mente folle

La Madre stava conversando con i *brahmachari* e con alcuni devoti padri di famiglia. Un *brahmachari* chiese: "Amma, se noi siamo l'*Atman*, perché ci è tanto difficile fare l'esperienza della verità?"

La Madre rispose:

"La verità è sempre la cosa più difficile e allo stesso tempo quella più facile. È inaccessibile alle persone ignoranti ed egocentriche, ma non ai ricercatori spirituali che hanno sete di conoscere.

La gente ambisce soprattutto a nutrire l'ego, non si cura di conoscere il Sé. Per conoscere il Sé bisogna ridurre l'ego alla fame. Sfortunatamente la maggior parte delle persone non riesce a farlo, anzi, si aggrappa sempre di più all'ego. Negli esseri umani vi è una tendenza marcata a voler attrarre la massima attenzione. Desideriamo essere elogiati e stimati, come se fosse un nostro diritto. Tutto questo alimenta l'ego, che prospera ricevendo attenzione. Come potete accedere alla conoscenza del Sé se il vostro ego chiede continuamente di essere riconosciuto?

Per realizzare l'*Atman* la mente deve scomparire. Finché c'è la mente, sarete dominati dall'ego.

Le persone puntano il dito contro i malati di mente e li chiamano 'folli', ignorando che anche loro sono alienate. Chiunque abbia una mente è matto, perché la mente significa follia. In un malato, questa alterazione si manifesta chiaramente e quindi potete notarla. Nel vostro caso, invece, non è così palese, ma la follia esiste perché esiste la mente.

Guardate una persona quando è in preda all'agitazione, all'ansia o alla collera: sembra davvero impazzita. La collera non è altro che uno stato di follia temporanea, come lo sono anche l'inquietudine e l'angoscia. Quando siete estremamente arrabbiati perdete il senno e parlate e vi comportate come pazzi. In questo stato avete smarrito momentaneamente il vostro equilibrio mentale. Quando questo squilibrio perdura è chiamato follia. Se date troppa retta alla mente e non la tenete sotto controllo perdete la vostra stabilità e sanità mentale.

La mente è l'ego e vi rende molto egocentrici. Dovreste invece centrarvi sul Sé (*Atman*), il cuore della vostra esistenza. Per riuscirci, occorre dissolvere la mente. L'ego deve morire. Solo allora sarà possibile dimorare nello stato di *sakshi-bhava* (stato di coscienza testimone).

L'ego è l'ostacolo maggiore sulla via verso la Verità. Non ha un'esistenza propria perché sia lui che la mente sono fittizi[2].

Attualmente noi crediamo che la mente e l'ego siano nostri amici, mentre in realtà non fanno che ostacolarci ed allontanarci dalla nostra vera natura. Di per sé, la mente e l'ego non hanno alcun potere; tutta la loro forza proviene dall'*Atman*, la nostra vera natura. L'*Atman* è il nostro vero maestro. In questo momento siamo controllati e fuorviati da falsi maestri (la mente e l'ego) che non soltanto ci ingannano, ma nascondono anche la nostra vera natura. Prendendone atto, cercate di liberarvi dal guscio limitante della mente e dell'ego. Il seme non può germogliare e diventare un grande albero se l'involucro esterno non si rompe e muore.

---

[2] La mente svolge quattro funzioni distinte, che sono: la *mente* (la facoltà di dubitare), *chitta* (custodire ricordi), *buddhi* (la facoltà di discernere) e *ahamkara* (l'ego, il senso dell'io e del mio). Benché si tratti di un'unica mente, si usano termini diversi a seconda dell'aspetto predominante.

Allo stesso modo, se l'ego non muore non è possibile realizzare la verità interiore".

L'ego si nutre di attenzione

Qualcuno chiese: "Amma, hai detto che l'ego si nutre di attenzione. Cosa intendi?"

La Madre rispose:

"Figli, questo è l'atteggiamento che abbiamo ogni giorno e in ogni istante. Il bisogno di ottenere attenzione fa parte della natura umana ed è in tutti noi, che ne siamo coscienti o meno. Gli esseri umani hanno la tendenza innata ad attrarre l'attenzione degli altri. Anche un bambino chiede attenzione. La mente e l'ego non possono esistere se non la ricevono.

Il marito desidera l'attenzione della moglie e la moglie quella del marito. I bambini vogliono essere considerati dai genitori. Gli uomini cercano di attirare l'attenzione delle donne e le donne vogliono essere notate dagli uomini. La gente fa di tutto per ottenere attenzione. Tutti cercano disperatamente la considerazione degli altri. Questa tendenza è presente anche negli animali, che però hanno un modo diverso di esprimerla. Chiunque abbia una mente e un ego ha bisogno di attenzione e non può vivere senza riceverla.

In tutto il mondo la gente impiega più o meno gli stessi metodi per attirare l'attenzione. Questo fenomeno è soprattutto evidente negli adolescenti di tutti i paesi, che spesso compiono degli atti molto stupidi per avere l'attenzione degli altri, specie quella del sesso opposto. Si comportano in questo modo perché alla loro età sono in completa balìa della mente e dell'ego. Essendo la mente folle, cosa vi può accadere se non diventare anche voi folli quando vi domina completamente? Una mente folle non può che generare ulteriore follia.

Con gli anni, la mente e l'ego maturano, diventano più sottili e gli strumenti che impiegano per attirare l'attenzione vengono affinati. I metodi sono più raffinati, ma il desiderio è sempre presente.

La Madre vi racconterà una storia che ha ascoltato un giorno: un giornalista doveva scrivere un articolo sul sindaco di una certa città. Desiderando sapere cosa pensassero i cittadini di lui, intervistò una fascia campione della popolazione. Tutti si lamentavano del sindaco: lo accusavano di essere senza cuore e corrotto e gli attribuivano la responsabilità di tutto quello che non funzionava in città. Molti si dichiaravano pentiti di averlo votato. Era certamente un sindaco impopolare. Quando infine il giornalista lo intervistò, gli chiese quale fosse la sua retribuzione. Il sindaco rispose che non percepiva nessun compenso. 'Perché allora desidera così tanto rimanere in carica quando non ricava nessun profitto ed è sgradito alla gente?', chiese il giornalista. 'Glielo dirò, ma prima deve spegnere il registratore', rispose l'uomo. 'Sarò anche impopolare, ma mi piacciono gli onori e l'attenzione che ricevo'.

Al fine di ottenere attenzione, si arriva spesso a uccidere. L'ego giunge a un tale squilibrio che la persona pensa che verrà presa in considerazione se compie atti di grande crudeltà. Questo fenomeno è diffuso in tutto il mondo.

Alcune settimane fa un ragazzo andò da Amma e senza vergognarsi le disse che ciò che gli stava più a cuore era diventare famoso e che desiderava tantissimo vedere il suo nome e la sua foto sui giornali. Amma gli parlò per diverso tempo cercando di fargli capire quanto fosse sciocco questo atteggiamento. Alla fine il ragazzo cambiò idea e si pentì di quanto aveva detto. Era stato onesto e aveva apertamente confessato la sua aspirazione ad Amma. Ma molte persone non nutrono forse lo stesso desiderio? Il fatto è che la gente è raramente sincera e non esprime i propri sentimenti. C'è un grande muro tra la gente e tra gli individui e la società. Dominate dall'ego, le persone hanno perso la capacità di aprirsi e si curano soltanto di ascoltare la mente e soddisfare i desideri.

Quando un bambino piange, sta chiedendo attenzione. Tutti i vostri desideri e le vostre ambizioni sono basati sulla forte e allo stesso tempo sottile richiesta di attenzione da parte dell'ego. Quando volete emergere nella vostra professione, cercate di essere presi in considerazione, non vi accontentate di rimanere uno come tanti ma desiderate essere speciale, il migliore. Non siete soddisfatti di come siete. Abbiamo bisogno di essere riconosciuti e stimati e questa necessità nasce dalla tendenza a dimorare più nella mente che nel cuore. Amma non sta dicendo che non si debbano avere queste aspirazioni che sono del tutto normali, ma non dovrebbero rendervi troppo orgogliosi né egocentrici. Non siate in balia della mente e dei suoi desideri.

Se impara ad essere meno egocentrico, uno scienziato sarà uno scienziato migliore. Un politico che impara ad agire attribuendo più importanza al cuore che alla mente costituirà un modello migliore e indurrà gli altri a seguirlo. E un atleta realizzerà risultati migliori se riuscirà a controllare il proprio ego.

Più siete egocentrici, più richiedete attenzione e più diventate vulnerabili. Aspettate che gli altri vi rivolgano la parola e si comportino in un certo modo con voi, esigete il loro rispetto anche se forse non lo meritate.

Amma conosce un musicista che vuole essere trattato con molto rispetto. È un artista di talento, ma il suo orgoglio ha reso poco attraente la sua personalità. Un giorno uno dei suoi ammiratori, anch'egli un eccellente musicista, lo criticò per come aveva interpretato un canto classico indiano di fronte a un gruppetto di sostenitori del grande musicista. Purtroppo quel grande artista non seppe accettare l'osservazione, anche se lieve e rispettosa. Lo visse come un insulto e schiaffeggiò pubblicamente il responsabile.

Chiunque siano, tutti gli egocentrici temono che si manchi loro di rispetto, hanno una grande paura di perdere importanza e non riescono neppure a immaginare che questo possa accadere. Essere onorati è uno dei capisaldi della loro esistenza. Il loro ego si nutre dell'ammirazione e della stima degli altri e se non li ottengono crollano. Se non vengono elogiati e non si accorda loro il rispetto o l'attenzione che desiderano, si irritano e perdono il proprio controllo. L'ego e il sentirsi importanti li rendono insofferenti alle critiche, anche costruttive. Tutto ciò che può mettere in dubbio il loro operato li ferisce profondamente. Vogliono essere sempre al centro dell'attenzione, in particolare se sono fisicamente presenti. La loro intera esistenza gravita attorno all'attenzione che ottengono dagli altri. Quando infine vanno in pensione, il loro unico piacere è ricordare il passato. Vivono nel passato perché è il tempo in cui hanno ricevuto la massima considerazione. L'età della pensione è per loro una fase dolorosa perché non hanno più nulla con cui alimentare l'ego, a parte i ricordi. Rammentano costantemente gli eventi lontani oppure tengono accanto a loro qualche ardente ammiratore che gli dia ancora attenzione o gli parli della loro gloria trascorsa.

Ascoltate questa storia, piuttosto interessante.

La dissoluzione dell'universo era terminata e stava per avere inizio una nuova creazione. Brahma, il Creatore, generò numerose specie. Venne il momento di assegnare a ognuna di esse la durata della vita e Brahma iniziò dall'essere umano. Gli assegnò una durata di vita di trent'anni, ma l'uomo non era soddisfatto e chiese una vita più lunga. Brahma replicò che non poteva aumentare arbitrariamente il numero di anni perché il totale degli anni di vita accordati a tutte le creature era già stato fissato. Ma l'uomo pregò e supplicò il Creatore talmente tanto che Lui gli disse: 'D'accordo, vedrò se posso fare qualcosa per te. Stammi vicino e aspetta. Ora chiamerò tutte le altre creature. Se una specie non vuole tutti gli anni che le ho accordato, le chiederò quanto desidererebbe vivere e il resto degli anni li darò a te'. L'uomo accettò con gioia e rimase vicino al Signore durante la convocazione.

Brahma chiamò per primo il bue e gli assegnò una durata di vita di quarant'anni. Il bue disse: 'O Signore, non posso sopportare di vivere così a lungo. Abbi pietà di me e toglimi metà degli anni'. Brahma acconsentì e trasferì i vent'anni rifiutati all'uomo, che era felicissimo di poter vivere fino a cinquant'anni.

Poi il Signore Brahma chiamò l'asino, al quale assegnò cinquant'anni di vita. Piagnucolando, l'asino disse: 'O Signore, non essere così crudele, avresti fatto meglio a non avermi creato! Non voglio vivere così tanto, venticinque anni sono più che sufficienti. Ti prego, non assegnarmene altri'. E così l'essere umano ebbe venticinque anni supplementari. Ora la sua vita era di settantacinque anni, ma continuava ancora ad aspettare con aria speranzosa.

Dopo l'asino, Brahma chiamò il cane, che aveva ricevuto trent'anni di vita e ululava in segno di protesta. Il cane disse a Brahma: 'No, no, mio Signore. Non voglio restare sulla terra più di quindici anni'. E così l'uomo ricevette altri quindici anni.

Brahma si voltò per vedere se l'uomo fosse contento, ma non aveva ancora un'aria soddisfatta.

Allora venne convocata la quinta specie, a cui apparteneva il verme. Gli fu proposto di vivere dieci anni. A queste parole, il verme si sentì mancare e cominciò a supplicare il Creatore dicendo: 'O Signore, tremo al pensiero di una vita così penosa e lunga. Abbi la bontà di ridurla a qualche giorno!' L'uomo fu molto contento di ricevere altri dieci anni. La durata della sua vita era ora di cent'anni. Felice, si mise a danzare per festeggiare l'avvenimento e poi iniziò la sua vita sulla terra.

Figli, la fase della vita umana che va fino ai trent'anni è caratterizzata dall'apprendimento; si tratta di un tempo spensierato, senza responsabilità e preoccupazioni, facile da vivere. Poi una persona si sposa e, a partire da questo momento, la vita che conduce ha molte affinità con quella del bue: aggiogato al pesante carro della famiglia, l'uomo si sfianca tirandolo, così come fa il bue attaccato al carro. Arriva così a cinquant'anni, sempre portando il grosso fardello delle responsabilità della vita e della famiglia. Non gode più della salute e del vigore di un tempo e comincia a impigrirsi. A questo punto la sua vita può essere paragonata a quella dell'asino, perché vive gli anni che l'asino rifiutò.

Trascorso questo periodo, l'uomo è esausto e ha perso le forze. Nei successivi quindici anni viene lasciato a vegliare la casa, come fa il cane, e poi si occupa dei nipotini. Passa la maggior parte del tempo da solo, seduto o a letto, ignorato dai figli e dai nipoti, pensando sempre al passato e ai ricordi di un tempo.

Vive gli ultimi dieci anni, presi in prestito dal verme, trascinandosi, reso impotente dalla vecchiaia e dalla malattia. Il corpo e i sensi non hanno più forza. La sua sola attività è rimanere sdraiato a rimuginare sul passato: non gli resta altro. Alla fine abbandona questa vita come un verme. La disperazione, il rimpianto e l'infelicità sono i segni lasciati da questa vita tremenda".

Ascoltando questa bellissima storia i devoti ridacchiavano, riconoscendo quanto rispecchiasse fedelmente la vita.

La Madre sorrise e disse: "Figli, imparate a vivere come se non foste mai esistiti. Soltanto allora vivrete nella Verità".

Capitolo 3

Sakshi-bhava, lo stato di testimone

I *brahmachari* e alcuni devoti occidentali erano seduti attorno alla Madre al confine della proprietà dell'ashram. Un occidentale pose una domanda che riguardava il *sakshi-bhava*, l'esperienza in cui si è testimoni di ogni cosa.

"Amma, l'altro giorno hai accennato allo stato di *sakshi-bhava*, di coscienza testimone. Vorrei sapere se l'atteggiamento del testimone è una prerogativa della mente o se è al di là".

La Madre rispose:

"No, non è una prerogativa della mente. *Sakshi-bhava* è uno stato di totale distacco e non coinvolgimento, nel quale si osserva semplicemente tutto ciò che accade senza l'intervento della mente e dei pensieri. È impossibile essere testimoni se la mente continua a interferire. I pensieri formano la mente, che sa soltanto pensare e dubitare. Nello stato supremo di testimone non ti allontani mai dalla tua vera natura.

Nel *sakshi-bhava* diventi lo spettatore di ogni cosa, limitandoti a guardare, senza attaccamento né coinvolgimento. Non fai altro che osservare. Sei testimone persino dei tuoi pensieri. Quando osservi consapevolmente il processo del pensiero non stai pensando né compiendo nessuna azione: sei immobile e semplicemente osservi. Nulla ti commuove né ti influenza. Come può la mente trovarsi in questo stato? La mente può solo pensare e dubitare, non può osservare.

Pensare è un'attività propria della mente, mentre essere testimone è una prerogativa del Sé supremo. Essere testimone significa dimorare nella pura Coscienza. La mente e i pensieri non sono reali, sono una nostra creazione. Soltanto la Coscienza è reale. Pensare può sembrarti naturale, ma non lo è, non fa parte della tua vera esistenza. I pensieri e l'ego non producono che inquietudine e tensione. Non ti appartengono, e finché non li eliminerai non troverai pace.

Lo stato di testimone consiste nell'osservare in perfetta consapevolezza. Nel *sakshi-bhava* sei perfettamente cosciente, mentre quando ti identifichi con la mente e i pensieri non lo sei, perciò ti allontani molto dalla pura Coscienza. Immerso nell'oscurità, non riesci a vedere nulla. La mente può soltanto percepire il mondo esterno, la forma esteriore delle cose; è incapace di vedere qualcosa com'è veramente perché non sa vedere, sa soltanto pensare. E quando si pensa non è possibile cogliere la natura reale di un oggetto.

Accumulando beni e indulgendo nei piaceri generi ancora più pensieri che ti distolgono dal tuo vero centro. Per essere testimone, è necessario dimorare in uno stato di totale distacco. Una mente che si aggrappa agli oggetti non è in grado di rimanere spettatrice e non potrà che provare attaccamento per i pensieri e le cose, prestando attenzione esclusivamente all'io e al mio. Nello stato di testimone, il senso dell'io e del mio è assente e tutti i pensieri limitati e riduttivi vengono trascesi".

Il vero centro è all'interno

"Quando diventi il testimone di ogni cosa non hai più nessuna richiesta" proseguì la Madre. "Tutto, che sia il 'tu' o l''io', è il Divino, la Coscienza suprema. Una volta stabilito in questo stato nulla può ferirti né toccarti, ti sei allontanato dalla mente e non sei più identificato con il corpo. Il corpo c'è sempre, ma è come se fosse morto. Non dai più alcuna importanza al mondo né a quello che dice la gente perché sai che, in realtà, non puoi accontentare né scontentare nessuno. Talvolta potrai comportarti come un folle oppure come una persona normalissima. Per un attimo sembra che qualcosa ti stia moltissimo a cuore e l'attimo dopo sei al di là di ogni attaccamento, completamente libero e distaccato. Puoi manifestare immenso amore e compassione e poi a un tratto apparire completamente privo d'amore: sei imprevedibile.

Una volta raggiunta la condizione di *sakshi-bhava* puoi assumere lo stato d'animo che preferisci, accedere a qualsiasi piano di coscienza, dal più alto al più basso e viceversa, rimanendo al tempo stesso un semplice testimone. Tutto diventa un gioco bellissimo e incantevole, una splendida rappresentazione. Gli altri ti vedranno passare da uno stato all'altro, da un posto all'altro e da un'emozione all'altra, ma dentro di te sei immobile, non ti allontani mai da quel centro, dalla Realtà. Il vero centro è all'interno, non lo si può trovare nel mondo esterno.

Quando sei stabilito in questo centro reale non ti allontani più, ci rimani per sempre. E al tempo stesso puoi spostarti senza limiti, in qualsiasi modo, senza mai abbandonare il centro. Diventi Dio, e il campo d'azione di Dio è infinito, non ha limiti.

Una volta che sei radicato nel centro dell'esistenza, se vuoi puoi decidere d'ignorare tutto o di sorridere a tutto. Puoi scegliere di non dormire o di non mangiare, non hai più questi bisogni. Al tempo stesso puoi mangiare qualsiasi cosa e dormire per un anno intero, se preferisci. Ma dentro di te sarai sveglio, totalmente sveglio. Anche se sembra che tu stia dormendo, non stai affatto dormendo, e se sembra che tu stia mangiando non stai mangiando nulla. Se vuoi rimanere nel corpo, puoi farlo; se desideri lasciarlo, puoi fare anche questo; se poi decidi di rientrare nel corpo, sei libero di fare anche questo; se invece non vuoi rientrarvi, puoi rimanere dove sei. Puoi decidere in che utero rinascere e che tipo di corpo assumere. Tutto è possibile.

La gente forse dirà che stai compiendo delle azioni, ma tu sai che non stai facendo nulla. Ti limiti a osservare, a essere testimone.

Puoi giungere allo stato di testimone soltanto quando sei completamente distaccato dalla mente e dal processo del pensare. Allora divieni perfettamente consapevole di ogni cosa, anche di come funzionano i pensieri. I ricercatori spirituali possono praticare questo atteggiamento nei confronti di ogni cosa".

Sii pienamente consapevole

"Amma, cosa significa essere consapevoli del processo del pensare?" le chiesero.

La Madre rispose:

"Riesci a vedere un pensiero mentre sorge nella tua mente? Sei in grado di vedere come agisce e come scompare? Quando puoi vederlo con chiarezza, perde la sua forza. L'identificazione con un pensiero gli dà potere e gli permette di trasformarsi in azione. Quando non t'immedesimi con i tuoi pensieri, essi vengono privati della loro forza, sono deboli e inermi. Quando guardi un pensiero senza identificarti con esso, lo stai osservando. Nello stato di testimone sei pienamente consapevole. Il testimone non pensa, ovvero non s'identifica con nessun pensiero. Nell'osservare c'è solo consapevolezza.

Quando assisti a un litigio tra due persone, non ne sei coinvolto e non hai nulla a che fare con la lite; semplicemente consapevole, osservi lucidamente cosa sta succedendo. Quando sei testimone, sei pienamente consapevole, completamente sveglio. Nulla vela la tua coscienza, che è cristallina e non coinvolta da ciò che vede.

Cosa succede invece a chi sta litigando? Coinvolte nella disputa, le persone non sono in grado di vedere perché profondamente addormentate. La loro mente è offuscata, accecata da energie negative quali l'ira, l'astio e il desiderio di vendetta. Quando prevale l'energia negativa non sei realmente cosciente e quindi non puoi essere uno spettatore.

La mente è costituita da energia negativa: i tuoi pensieri sono energie negative, così come lo è il tuo passato. Diventare testimoni significa svegliarsi davvero ed essere consci di tutto ciò che avviene all'interno e all'esterno di te stesso. Ma, in realtà, non esiste l'interno né l'esterno. In questo stato di testimone supremo divieni il centro di ogni cosa e ti limiti ad osservare i cambiamenti che avvengono. Non sei più influenzato dai mutamenti perché ora tu sei il centro, la forza che dona la vita ad ogni cosa. Nello stato di testimone diventi uno con l'energia cosmica".

Qualcuno chiese: "Amma, hai detto che quando raggiungiamo lo stato di testimone non siamo più influenzati da nulla. Eppure sembra che anche i *Mahatma* possano ammalarsi".

La Madre rispose:

"Figlio, hai ragione. È vero che sembrano soffrire. Non soffrono mai, anche se sembra. Una volta testimone, puoi persino assistere alla morte del tuo corpo, osservare la sua sofferenza.

Ascolta questa storia: in riva al Gange viveva un santo completamente immerso nella Coscienza divina; dimorando in questo stato, ripeteva continuamente il mantra "*Shivoham, Shivoham*" (io sono Dio, io sono Dio). Lo pronunciava a voce così alta da essere udito dai monaci (*sannyasi*) che vivevano sull'altra sponda del fiume. Un giorno, mentre sedeva vicino al Gange ripetendo il mantra '*Shivoham, Shivoham*', un leone sbucò dalla foresta e si diresse verso di lui. Vedendo con orrore l'animale avvicinarsi, pronto ad attaccarlo, i *sannyasi* sull'altra riva urlarono: 'Attento, c'è un leone! Scappa o buttati in acqua!' Quando l'asceta lo vide correre verso di lui, non provò nessun timore. Accettò quello che stava per accadere perché la sua vita su questa terra era giunta alla fine. Dimorando in uno stato di unità con tutta la creazione non percepiva nessuna differenza tra il leone e se stesso. Lui e il leone erano un tutt'uno, lui stesso ruggiva attraverso il leone. Rimase seduto dov'era, recitando pacatamente '*Shivoham, Shivoham*'. I monaci videro il leone balzare sul santo; mentre l'azzannava l'uomo ripeteva senza alcun timore il mantra '*Shivoham, Shivoham*'. La bestia cominciò a sbranarlo e... non ci crederete, ma il santo continuò a recitare il mantra, come se fosse lui a consumare quel pasto sotto forma di leone. L'uomo si comportò fino alla fine come se nulla gli stesse accadendo.

Ci sono dei biscotti che hanno la forma di diversi animali, ad esempio somigliano a una tigre o a un coniglio. Credi che un biscotto a forma di tigre sia una tigre vera semplicemente perché ci somiglia? E quando vedi un biscotto-coniglio accanto a un biscotto-tigre, pensi che sia in pericolo? Il biscotto-coniglio avrà paura di venire ucciso e divorato dal biscotto-tigre? Assolutamente no, perché sono entrambi fatti della stessa sostanza. Sebbene abbiano forme diverse, gli ingredienti sono uguali. Lo stesso accade quando conosci la tua vera natura, l'*Atman*: diventi un testimone distaccato e imparziale, che osserva tutto in perfetta consapevolezza sapendo che le diverse forme delle cose e le molteplici creature e circostanze della vita sono costituite da un unico ingrediente di base: il Sé supremo.

La mente è il tuo passato. Lascia che il passato muoia e immediatamente sarai pienamente cosciente. Il passato è formato da resti senza vita: liberatene e potrai imparare a essere testimone. Lasciando morire il passato, i pensieri e i ricordi, vivi pienamente nel presente, e quando vivi interamente nel *qui e ora* sei nello stato di testimone. 'Ieri' esiste solo finché ci sono i pensieri; quando cessano, 'ieri' svanisce e tu dimori nel Sé. Il Sé è puro testimone. Il Sé non è una persona, è assoluta Consapevolezza, totalmente distaccata da qualunque fenomeno. È uno stato in cui si è l'unico Soggetto, il nucleo della propria esistenza.

Figli, state vivendo in modo inconsapevole. Potreste chiedervi stupiti: 'Com'è possibile che io sia inconsapevole? Cammino, mangio, respiro, eppure la Madre mi dice che sto vivendo nell'incoscienza. Non c'è dubbio che sia cosciente, altrimenti come potrebbe accadere tutto dentro e attorno a me?' Per dimostrare che lo siete potreste portare centinaia di esempi, ma la verità non cambia.

Figlio, potresti rispondere che sei sveglio perché cammini, mangi, respiri e vedi. Certo, compi tutte queste azioni, ma quante volte al giorno sei conscio delle mani, delle gambe, della lingua, della bocca o del respiro? Anche quando mangi non sei consapevole della mano che afferra il cibo né della lingua nella bocca; mentre cammini non sei consapevole delle gambe; sei consapevole del tuo respiro? Quando osservi la bellezza e la bruttezza che ti circonda, sei conscio dei tuoi occhi? E sei consapevole di quando li spalanchi? Assolutamente no. Agisci, ma in modo incosciente. Vivi inconsapevolmente. Eppure, ti affretti ad affermare che sei conscio e che conduci una vita in consapevolezza... Svegliati dunque e prendi consapevolezza".

La Madre tacque e rimase seduta a meditare. Dopo qualche istante aprì gli occhi, e chiese a Balu di cantare un *kirtan*. Scelse il *bhajan Nirkkumilapol Nimisamatram*...

L'intera creazione nasce e si dissolve
in un istante come una bolla.
Non puoi comprendere questo fenomeno
finché la mente non scompare.

La mente svanirà solo quando capirai
che è illusoria.

Non puoi comprendere la mente,
avvolta dall'oscurità.

La mente non può capire se stessa
perché cela la sua vera natura.
Eppure la mente affermerà di conoscersi.

Arriverai a capire
che la mente non sa nulla.
Lo saprai mantenendola immobile e calma
e praticando l'ascesi.

Se hai davvero compreso,
allora saprai
che la mente non esiste,
che la mente è non-mente;
e quando la mente cessa di essere,
ogni cosa è l'Atman luminoso,
il puro Sé.

Il potere di essere testimone è dentro di te

Terminato il canto, la Madre riprese l'argomento.

"L'esperienza di essere testimone è qualcosa che facciamo nella vita di ogni giorno, dobbiamo soltanto esserne coscienti. Una volta acquisita questa consapevolezza e assaporato il gusto, la gioia e la beatitudine, saremo sulla giusta strada.

Immaginate una coppia che sta litigando e che si insulta con le parole più offensive. Avendo udito le urla, i vicini si precipitano a vedere cosa succede; cercano di calmare i coniugi, di riappacificarli, ma senza risultato. Parlano con loro e gli danno dei consigli. Mentre intervengono in questa situazione delicata, mantengono un atteggiamento sereno e non perdono mai la calma, sono in grado di individuare il problema e di trovare una soluzione. Alla fine riescono a riconciliare le parti.

Come hanno potuto restare calmi e tranquilli? Perché erano solo testimoni della scena, non partecipavano alla lite. La loro mente non era ottenebrata né turbata come quella della coppia che bisticciava. Essendo molto più calmi, hanno potuto essere dei buoni consiglieri.

I coniugi che litigavano erano invece in balìa di energie oscure e negative prodotte da una mente tumultuosa. In preda all'agitazione erano come accecati, immersi nelle tenebre esteriori e interiori. Nessuno dei due poteva vedere la situazione oggettivamente, essendo del tutto identificato con la propria mente negativa. I vicini, invece, erano in pace con se stessi e quindi avevano una visione più lucida della situazione. Avendo più chiarezza, non essendo cioè coinvolti nella situazione, erano in grado di prendere le distanze ed essere semplici testimoni. Poiché la nebbia prodotta dal turbinio dei loro pensieri era meno fitta di quella della coppia, non erano completamente accecati. Sarebbe però successo l'opposto se fossero stati loro a litigare. In quel caso, i coniugi che stavano bisticciando avrebbero potuto prendere le distanze, essere testimoni della situazione e offrire consigli.

Questo esempio dimostra che l'atteggiamento dell'osservatore è presente in ognuno e che è possibile esercitarlo soltanto quando la mente è in pace e tranquilla e siamo distaccati interiormente.

Dato che in alcuni momenti della nostra vita siamo in grado di essere testimoni, dovremmo fare in modo di dimorare sempre in questo stato, indipendentemente dalle circostanze. È possibile riuscirci perché è la nostra vera natura.

Nell'esempio appena menzionato, la mente dei coniugi è ancora presente. Forse a un certo punto si calma, ma solo momentaneamente. È molto difficile mantenere l'atteggiamento del testimone quando ci si trova in circostanze difficili.

In tutto il mondo, psicoterapeuti, psicologi e guaritori cercano di curare i disturbi mentali e fisici delle persone. Forse saranno molto competenti, ma sono comunque professionisti che svolgono un'attività a cui sono molto attaccati, così come lo sono ad altre cose nel mondo. Non si può avere l'atteggiamento del testimone quando si ha attaccamento. Una persona che ha molti attaccamenti non può realmente aiutare gli altri. Soltanto chi conosce l'arte di rimanere testimone ed è stabilito nel Sé, nel vero centro, può offrire un vero aiuto. Parlando con i pazienti, il terapista analizza i loro problemi che derivano dal passato, e suggerisce diversi metodi per vincere l'ansia o la depressione. Finché si tratta di qualcun altro che ha bisogno di lui non ci sono problemi perché è in grado di fornire un certo aiuto. Ma cosa succede quando è l'analista stesso a dover affrontare delle difficoltà nella propria vita? Crolla tutto. Non è capace di praticare le tecniche suggerite ai suoi clienti. Se qualcosa va storto nella sua vita, non è più in grado di aiutare efficacemente gli altri, non è più in grado di esercitare la sua professione. Perché? Fino a quando era un altro ad aver bisogno del suo intervento, il terapeuta poteva, in una certa misura, prendere le distanze e osservare la situazione. La sua mente era relativamente lucida e riusciva ad analizzare il problema del paziente. Non essendo coinvolto nella situazione, gli poteva offrire dei consigli utili. Ma quando l'analista stesso si trova in difficoltà, la sua mente manifesta tutte le sue tendenze negative. Questa persona non può più essere il testimone perché si è totalmente immedesimato nella situazione: è in trappola.

A cosa servono quindi le tecniche proposte se non si riesce ad attuarle nella propria vita? E se non ce la facciamo a metterle in pratica, come possiamo aspettarci che funzionino nella vita degli altri?

Figli, poter dimorare nello stato di *sakshi-bhava* è il vero scopo della vita. Questo stato supremo è il fulcro attorno al quale ruotano la vita e l'universo intero. Potete svolgere un lavoro, utilizzare la vostra mente e il vostro intelletto, avere una casa, una famiglia, assumere numerosi impegni famigliari e professionali, ma se siete radicati nello stato di *sakshi-bhava*, nel vero centro, compirete qualsiasi attività senza allontanarvi neppure di un millimetro da questo centro.

Risiedere in questo stato non significa essere inattivi né astenersi dal compiere il proprio dovere. Continuerete ad occuparvi dei vostri figli o della salute dei vostri genitori o del vostro partner, e anche in mezzo a queste vicissitudini rimarrete un osservatore, un testimone degli avvenimenti e delle vostre azioni. Interiormente sarete perfettamente tranquilli e imperturbabili.

In un film, un attore può interpretare la parte del cattivo che spara, s'infuria, è crudele e sleale. Ma dentro di sé, è davvero in collera? È una persona crudele? Sta realmente commettendo quelle azioni? No, osserva semplicemente la sua recita rimanendo un distaccato testimone, senza lasciarsi coinvolgere. Non è identificato con quegli atteggiamenti. Allo stesso modo, chi è stabilito in *sakshi-bhava* non è toccato né turbato da nulla e da nessuna circostanza".

"Amma", disse qualcuno, "hai detto che chi è radicato in questo stato sublime è calmo e imperturbabile in ogni situazione, positiva e negativa, ma hai anche aggiunto che esternamente può comportarsi come una persona comune. Mi sembra una contraddizione!"

La Madre rispose:

"Un *sakshin* (testimone) può scegliere ciò che vuole: manifestare delle emozioni oppure restare impassibile. Ma tali persone, anche se esprimono dei sentimenti umani, sono dotate di una bellezza e di un fascino ineguagliabili e di un carisma naturale. Se vogliono possono anche decidere di non manifestare un sentimento. Possono scegliere con molta naturalezza se rimanere calmi, tranquilli e distaccati oppure esternare con tutto il cuore sentimenti quali l'amore e la compassione al massimo livello".

"Quando sei realizzato", proseguì la Madre, "se desideri dare l'impressione che una persona, un avvenimento o una situazione ti abbiano commosso, lasci che questa emozione si manifesti. Ricorda che sei tu a permettere che qualcosa accada o non accada perché la mente, che è sotto il tuo totale controllo, non accoglierà né rifiuterà nulla, non avrà nessuna reazione senza il tuo consenso. Se vuoi restare calmo e distaccato come *sakshi*, puoi farlo. Se invece vuoi dare un esempio di rinuncia, di sacrificio e d'amore altruistico, vivrai secondo questi ideali. Forse andrai incontro a enormi amarezze e dolori, molti di più di quelli di un comune essere umano, ma interiormente non sarai toccato da nulla.

Supponi di voler manifestare la tua profonda partecipazione al dolore di una persona. Sai che in tal modo potresti trasformare la sua vita e così esprimi tristezza, rimanendo al tempo stesso un testimone. Se mostri il tuo dolore e condividi i suoi sentimenti, quella persona ti sarà riconoscente. La profondità del tuo amore e della tua sollecitudine ha un grande impatto su di lei perché quando esprimi un sentimento lo fai in maniera totale e perfetta. Non manifesti nulla parzialmente e partecipi con tutto te stesso. Puoi assumere lo stato d'animo che preferisci, positivo o negativo, in qualunque momento, e questa cosa toccherà profondamente il cuore delle persone, le commuoverà. Riuscirai sempre a produrre l'impatto desiderato. Ciò nonostante, un *Mahatma* è solo il testimone dello stato d'animo espresso attraverso la sua forma fisica.

Se lo desidera, un *Mahatma* può manifestare collera, inquietudine, paura o grande entusiasmo. Ebbene, tutto questo è solo un'apparenza perché la sua mente rimane calma e tranquilla: è come se stesse indossando una maschera. Il *Mahatma* indossa maschere diverse – quella dell'ira, della felicità, del dolore o della paura – con un intento preciso. Una volta raggiunto lo scopo, la toglierà. Sapendo di non essere la maschera, non si identifica mai con essa.

Il nostro problema è che ci immedesimiamo con tutti gli stati della mente: se siamo in collera, *diventiamo* la collera e lo stesso accade quando siamo in preda alla paura, all'agitazione, all'amarezza e alla gioia. Diventiamo un tutt'uno con l'emozione, sia positiva che negativa, e ci identifichiamo con la maschera.

Quando sei in uno stato d'animo negativo potresti provare collera, e quando sei rilassato potresti sentirti in pace e pieno d'amore verso gli altri. In realtà non sei nessuno di questi stati d'animo. Faccio un esempio: immagina di avere una casa, una famiglia, un cane e un gatto. Se ti domandassero: 'Di chi è la casa?', cosa risponderesti? Diresti: 'È la mia'. E diresti lo stesso della tua auto, della tua famiglia, del tuo cane e del tuo gatto. Sono tutti tuoi. Ma ciò che appartiene a te non sei tu, è diverso da te. La casa è tua, ma non sei la casa. Il corpo è tuo, ma non sei il corpo e lo stesso vale per la tua mente, i tuoi pensieri, i tuoi sentimenti e il tuo intelletto. Sono tuoi, ma tu non sei loro. Tu sei colui che vede attraverso gli occhi, prova i sentimenti e crea i pensieri, si emoziona, pensa, vede, ode e gusta. Sei colui che fa l'esperienza, il Soggetto. Quando prendi coscienza di essere il vero soggetto di tutto ciò che accade, ogni differenza scompare e trascendi ogni cosa.

Non sapendo di essere il potere che sta dietro l'intero universo, la sua forza vitale, la totalità di tutta l'energia esistente, ti identifichi con la mente, con i suoi sentimenti e i suoi pensieri, e dici: 'Io sono così e così. Sono in collera, ho sete, ho fame, e così via'. Ti identifichi con l'esterno, non con l'interno. Quando ti identifichi con l'interno non esiste più né interno né esterno perché li hai trascesi entrambi.

Per tutta la Sua vita, dalla nascita alla fine della Sua discesa sulla Terra, il Signore Krishna fu un puro testimone di tutto ciò che accadde a Lui e attorno a Lui. Non abbandonò mai il sorriso che Gli illuminava il volto, sia che fosse sul campo di battaglia o di fronte a un'altra sfida della vita. Mantenne sempre una calma perfetta e un magnifico sorriso. Quando la Sua residenza di Dwaraka fu inghiottita dal mare e quando un cacciatore scagliò la freccia che avrebbe posto fine alla Sua esistenza terrena, Sri Krishna mantenne sempre un benevolo sorriso perché non si allontanò mai dallo stato di *sakshi-bhava*. Rimase costantemente lo spettatore di tutto ciò che succedeva nella Sua vita, non si identificò mai con l'esterno e dimorò sempre nel Sé supremo".

La Madre tacque, trasportata improvvisamente in un altro mondo. A volte scoppiava a ridere estaticamente. Dopo un po', cominciò a tracciare con la mano destra dei cerchi nell'aria. Aprì gli occhi e chiese ai *brahmachari* d'intonare un canto. Essi cantarono *Parisuddha Snehattin*...

Il tuo Nome
è il nome dell'Amore puro.
Sei il riflesso della Verità eterna,
il fiume vivificante della pace
che ritempra il mio cuore.

La Tua generosità non ha limiti
verso quelli che vengono a Te
cercando i piaceri del mondo e
chiedendoTi di soddisfare i loro desideri.

Tu effondi
il nettare della sapienza
a coloro che si abbandonano
ai Tuoi Piedi.

Sei la dimora della pace e dell'amore
che attrae l'anima.

Diffondi il messaggio
della fraternità
in tutto il mondo,
e canti l'inno
della libertà eterna.

Ci ispiri
e ci conduci verso la terra
della libertà eterna.

Avendo acceso la lampada dell'Amore
ci guidi instancabilmente
verso la conoscenza
della Verità eterna.

Ai Tuoi piedi di loto
depongo un fiore
colto nel più profondo del mio cuore,
accompagnato dalla preghiera di accordarmi
una devozione assoluta
e uno yoga incrollabile,
così che possa giungere
alla beatitudine del Sé.

Madre, la Sarvasakshin

La Madre è l'esempio vivente del supremo stato di *sakshi-bhava*. Basta guardarla con attenzione per notare che dimora costantemente in questo stato. Tutta la sua vita ne è l'esempio. Durante l'infanzia dovette subire gravi prove e difficoltà di ogni genere. Circondata da persone profondamente ignoranti, dovette dare prova di una pazienza e di un distacco infiniti per poter compiere ciò che ha fatto. Di fronte alle enormi difficoltà che dovette affrontare, è rimasta ferma e incrollabile come l'Himalaya.

La *Bhagavad Gita* afferma:

Il Brahman o l'Atman non può essere colpito, né arso, né bagnato, né disseccato. Esso è immortale, onnipresente, stabile, inamovibile e perenne.

(cap.2, v.24)

Niente e nessuno poteva turbare la Madre, che non ha mai rimpianto il passato né si è mai preoccupata per il futuro. Con calma e coraggio, ha saputo affrontare le situazioni più ardue della vita con un sorriso, pronta ad accettare qualunque avvenimento. Di fronte alle sua continua sofferenza, una persona comune sarebbe crollata e avrebbe perso la fiducia in se stessa e il coraggio.

Nonostante queste circostanze difficili e il fatto che non avesse nessun sostegno, nemmeno da parte della sua famiglia, Amma è riuscita a creare da sola un'estesa organizzazione spirituale.

La Madre è nata in un povero villaggio di pescatori, non ha ricevuto nessuna istruzione e non disponeva di denaro. Ciò nonostante si è elevata raggiungendo vette inimmaginabili! Com'è possibile spiegare tutto ciò?

Recentemente qualcuno le ha chiesto: "Amma, cosa pensi dell'enorme trasformazione avvenuta nel tuo ashram e nella tua organizzazione? Un tempo, le persone cercavano di disonorarti e ti creavano ogni sorta di problemi. Ora invece sei riconosciuta e venerata in tutto il mondo. Come vivi tutto questo?"

Sorridendo, la Madre ha risposto:

"Per Amma non c'è nessuna differenza. Amma è sempre la stessa. In passato, di fronte alle cosiddette difficoltà, vivevo nel mio Sé. Adesso che è arrivata la cosiddetta notorietà, la fama, continuo a vivere nel mio Sé".

Sì, la Madre è sempre la stessa, e il suo amore e la sua compassione non vacillano mai, non sono mai cambiati. Quando lo desidera, si mostra gioiosa e sembra una bambina. Può interrompere il contatto con questo mondo e dimorare nel suo proprio piano di coscienza quando vuole. Può restare distaccata, rinunciando al cibo e al sonno per tutto il tempo che desidera. Il mondo non la tocca minimamente.

Più di una volta gli ignoranti abitanti del villaggio hanno attentato alla sua vita. La insultavano e spargevano false voci sul suo conto. Una volta il fratello maggiore Subhagan, spalleggiato da un cugino, tentò di pugnalarla. Persino in quella circostanza la Madre fu in grado di sorridergli e disse: "Non ho paura della morte. Puoi uccidere questo corpo, ma il Sé è immortale, indistruttibile. Non puoi uccidere il Sé". E poi si sedette serena, in tutta calma. Gli assalitori erano impotenti, non poterono farle nulla. Questo è il potere del Sé (*Atman*). Ma questo è possibile solo per chi dimora nello stato di *sakshi-bhava*, spettatore di ogni cosa, radicato nel supremo stato della coscienza testimone.

L'infinito potere del Sé

Una volta la Madre disse che: "se sei radicato in uno stato di non-mente, nessuno può farti nulla, a meno che tu lo consenta. Sei tu a decidere se qualcosa può accadere o no. Ad ogni modo resti il testimone, non toccato né influenzato da nulla, perché sei sempre stabilito nel distacco supremo. Supponi che qualcuno voglia farti del male o addirittura ucciderti. Non potrà neppure alzare un dito contro di te se non glielo permetti. Senza il tuo *sankalpa* (intenzione), i suoi sforzi saranno vani e ogni tentativo fallirà misteriosamente. Il malintenzionato finirà per pensare che un potere divino ti protegge. Ma questo potere è il potere infinito del Sé, non è un potere che proviene dall'esterno. L'origine di questo potere è dentro di te, tu sei diventato questo potere infinito.

Quando non hai più l'ego divieni il tutto. L'intero universo è con un essere illuminato. Persino gli animali, gli alberi, le montagne e i fiumi, il sole, la luna e le stelle sostengono un'anima realizzata perché in quello stato non c'è l'ego. Quando t'inchini in completa umiltà di fronte a tutta l'esistenza, l'universo (l'esistenza) s'inchina davanti a te ed è al tuo servizio. Ma ricorda che puoi anche ordinare all'universo di ribellarsi a te perché, ad ogni modo, non ne verrai toccato.

Quando non c'è più la mente né l'ego, sei tutt'uno con l'esistenza intera, e l'universo e tutte le sue creature diventano tuoi amici. Nessuna creatura ti percepirà come un nemico e anche un nemico sarà tuo amico, sarà uno con te, perché il tuo nemico apparente è in realtà il tuo stesso Sé, anche se lui non è consapevole di questa verità. Se interiormente sei uno con il tuo avversario, com'è possibile, a rigor di logica, che ti sia ancora nemico? Come può un essere o un oggetto, senziente o insenziente, nuocerti in alcun modo se esiste in te e fa parte del tuo Sé? È impossibile. Una volta che hai abbandonato l'ego non ti può accadere nulla, a meno che tu l'abbia deciso.

Il principe di Mewar voleva uccidere Mira Bai. Le inviò del veleno, dicendo che era una bevanda speciale preparata appositamente per lei, accompagnandolo con una bellissima lettera piena di parole dolci in cui implorava il suo perdono per tutte le cattiverie commesse contro di lei.

Sebbene Mira sapesse che era veleno, prese la coppa e bevve. Ma non accadde niente. Il principe cercò di ucciderla in altri modi, però tutti i suoi tentativi andarono a vuoto. Ogni volta, Mira rimaneva serena e imperturbabile. Com'è possibile? Poteva farlo perché non aveva ego, aveva trasceso la mente.

Per Mira Bai, tutto era il suo Giridhara, il suo Krishna diletto. Non aveva desideri, non desiderava nulla per se stessa. Non le importava neppure sapere se Krishna l'amasse oppure no.

Desiderava solo amarLo, senza nessuna aspettativa. Per Mira Bai tutto era Krishna. 'O Signore! Tu, Tu solo'! Non aveva nessun senso dell'io né rivendicava la paternità delle sue azioni. Krishna, il suo Signore, faceva tutto per lei, nel bene e nel male. Qualsiasi cosa accadesse non si lamentava mai e accettava tutto perché per lei ogni cosa era un *prasad* di Krishna.

Abbandonandosi a Krishna, Mira Bai si era abbandonata all'esistenza intera. Krishna non era per lei una creatura limitata, confinata in quella determinata forma, bensì tutto il cosmo. Unita a tutta la creazione, Mira Bai si era fusa nell'energia di Krishna. Non era cosciente di avere un corpo e quando non hai un corpo com'è possibile ucciderti? L'intera creazione è con te e ti protegge. Come potrebbe quindi del veleno nuocerti? Come potrebbe una qualunque parte della creazione danneggiarti in qualche modo? Può farlo se glielo permetti. Solo se dirai di sì potrà agire su di te, ma se dirai di no si volterà e se ne andrà. Quando hai raggiunto questo stato supremo non accade nulla, persino se il tuo corpo viene torturato o dilaniato, perché non sei il corpo: sei il Sé.

L'universo intero è il tuo corpo e ogni parte del creato appartiene al tuo corpo universale. Poiché tutto è uno, come può una parte nuocere al tutto? Come può la mano ferire volontariamente l'occhio? Anche se apparentemente sono diversi e non hanno la stessa funzione, appartengono entrambi a un unico organismo.

Una volta che hai realizzato la tua unità con il Sé, l'intera creazione diventa il tuo fedele servitore. Tu sei il Signore e tutta la natura attende i tuoi ordini. Poiché tutta la natura ti sostiene, come può uno dei suoi elementi opporsi a te senza il tuo permesso? La natura farà qualsiasi cosa le chiederai. Se le dici: 'No, non farlo', rimarrà immobile. Se sei nel giusto stato mentale, nulla ti può fare del male. La realizzazione del Sé è lo stato perfetto dell'esistenza".

Queste parole ricordano un episodio della vita di Amma. Un giorno la Madre mise la mano in bocca a un cane affetto da rabbia. Questo cane era stato uno dei suoi primi amici quando lei viveva all'addiaccio. Amma l'amava moltissimo e, quando vide che l'avevano legato con la catena a un albero, si avvicinò e gli espresse il suo amore prendendolo tra le braccia e baciandogli il muso. Cercando di nutrirlo, gli infilò una mano in bocca. Quelli che assistevano alla scena erano scioccati perché la mano di Amma era coperta dalla saliva del cane, estremamente contagiosa. Tutti le consigliarono, preoccupati, di vaccinarsi contro la rabbia per precauzione, ma la Madre sorrise e disse: "Non accadrà niente, non preoccupatevi". E, naturalmente, non accadde nulla.

Amma dice che "una volta che hai raggiunto la realizzazione, sei diventato la mente cosmica e ogni mente ti appartiene. Puoi controllare tutte le menti, non solo quelle degli esseri umani, ma tutte le menti dell'universo. Questo significa che hai le redini di ogni singola mente. Sei diventato ogni creatura. Certo, i corpi sono diversi, ma tu dimori in ciascuno di essi. Il tuo avversario non è altro che te stesso avvolto in un involucro diverso, come delle caramelle dallo stesso sapore ma avvolte in carte di diversi colori. Ce ne sono di blu, di verdi, di rosse o di gialle. Le caramelle potrebbero pensare: 'Io sono blu', 'Io sono verde', e così via. Ma che cosa c'è all'interno? La stessa dolcezza, lo stesso gusto, gli stessi ingredienti".

Un giorno la Madre disse: "Tutti i vostri pensieri e le vostre azioni passano attraverso Amma".

Le vie di un *Mahatma* sono infinite, noi non ne scorgiamo che la manifestazione esteriore. Un *Mahatma* rimane per noi un totale mistero, un fenomeno inspiegabile che potremo comprendere solo conoscendo il nostro Sé. Alla presenza di un *Mahatma* prendiamo coscienza dei nostri limiti. La dimensione infinita del suo essere, il suo amore e la sua compassione illimitati ci inducono a essere umili. Solo allora diventiamo consapevoli della nostra nullità.

Saranno questo senso di nullità e l'umiltà ad aiutarci ad accedere allo stato di perfetta pienezza, all'esperienza di "Io sono tutto".

Capitolo 4

Nell'ashram avevano costruito altre capanne per i *brahmachari*. Dopo i *bhajan* della sera, la Madre chiese a tutti di andare in spiaggia e prendere la sabbia per riempire le fondamenta delle nuove capanne. Tutti s'incamminarono verso la spiaggia portando dei badili e dei cesti. La Madre guidava il gruppo, che ben presto arrivò sulla riva.

La notte era fredda e buia e il mare era agitato. Onde gigantesche si levavano dalla nera distesa d'acqua e s'infrangevano sulla riva. L'eco del loro fragore, grave e profondo, riempiva la notte. Lo spettacolo del vasto oceano nel buio della notte ispirava un sacro timore e apportava una profonda pace interiore. Contemplandolo, si aveva la sensazione che la mente si espandesse e ci fosse più consapevolezza.

Il *seva* della sabbia cominciò. Tutti lo svolgevano con molto entusiasmo e anche Amma vi partecipava attivamente: talvolta riempiva i sacchi di sabbia con un badile, oppure caricava un sacco sulle spalle e poi lo portava fino all'ashram. I residenti cercavano di impedirglielo, ma lei era sorda alle loro suppliche. Il *seva* della sabbia continuò per circa due ore. Alle undici la Madre sedette di fronte all'oceano, circondata dai residenti e da qualche devoto padre di famiglia.

A tutti quelli che avevano aiutato, la Madre servì rondelle di banana salate e caffè caldo. Ad uno ad uno, *brahmachari* e *brahmacharini* si misero in fila per riceverli. A un certo punto lei vide un *brahmachari* che si era messo in coda con gli altri e gli disse: "No, tu non hai lavorato e quindi non avrai il *prasad*. È solo per chi si è impegnato duramente nelle ultime due ore".

Ma quando l'uomo uscì dalla fila senza dire una parola, l'amore materno di Amma ebbe il sopravvento e, richiamandolo, esclamò: "Non fa nulla, figlio, non essere triste. Fai una cosa: porta un sacco di sabbia fino all'ashram, e quando tornerai Amma ti darà del *prasad*".

Mentre il residente trasportava ubbidiente un sacco di sabbia verso l'ashram, lei aggiunse: "Deve trasportare un sacco perché Amma non vuole essere ingiusta verso chi ha lavorato disinteressatamente. Ci si può rilassare solo dopo essersi impegnati".

La mente, questa grande impostora

Mentre tutti stavano gustando il *prasad* della Madre, un *brahmachari* disse: "Amma, ieri, quando parlavi del *sakshi-bhava*, hai detto che la mente è irreale. Ho letto che anche il mondo è irreale. Quale di queste due affermazioni è corretta?"

La Madre rispose:

"Figlio, sono entrambe corrette. La mente è una grande bugiarda e il mondo è una proiezione di quella menzogna. Entrambi sono irreali. Il mondo esiste soltanto perché esiste la mente. La mente è responsabile di tutti i tuoi problemi: crea dei dubbi e ti fa soffrire, è l'origine della collera, dell'odio e della gelosia, ti induce ad agire senza riflettere e persino a fare del male. Cerca in ogni modo di renderti infelice. La mente è l'inferno, l'illusione (*maya*) e la menzogna. Finché avrai una mente la tua esistenza sarà illusoria. Solo eliminandola potrai giungere alla Verità, alla Realtà.

L'ego è un prodotto della mente e quindi è anch'esso falsità. L'ego non è reale[3]. La tua esistenza sarà piena e perfetta solo quando ti sarai sbarazzato della mente e dell'ego".

Qualcuno pose un'altra domanda: "Amma, tu affermi che la mente e l'io sono una non-realtà, che il mondo fenomenico è una mera proiezione della mente e che la nostra vera natura è l'*Atman* o il Sé. È molto difficile capire tali affermazioni, potresti illustrare meglio questi concetti?"

La Madre rispose:

"Figlio, sappi prima di tutto che le parole non possono spiegarli. Per quante prove o esempi Amma ti possa dare, porrai le stesse domande finché non farai personalmente l'esperienza della Verità. Devi realizzare da solo che la mente e il mondo sono irreali. Impegnati a praticare austerità (*tapas*) e lo capirai.

Figli, la mente è il mistero più grande, ma la Pura Coscienza o il Sé non lo è. Quando conoscerete il Sé comprenderete che non è affatto un mistero perché voi siete il Sé, la vostra vera natura, più vicino di ciò che è più vicino. È la mente che lo fa sembrare un mistero: essendo per sua natura complicata, rende tutto complicato.

Voi non siete la mente, siete il Sé (*Atman*). Siete nati in seno a questa Coscienza, crescete, vivete e morite in lei senza però essere coscienti di questa grande verità. Com'è possibile? A causa della mente e del mondo che lei ha creato. La mente vi impedisce di conoscere il Sé, vi uccide, consuma la vostra energia e forza vitale. La mente è qualcosa di molto fragile, cercate quindi di fuggire da questa irrealtà, liberatevi da questa grande impostora che è la mente, l'ego.

---

3 Nella filosofia *Vedanta* esistono due punti di vista: quello dell'Assoluto e quello empirico. Dal punto di vista dell'Assoluto solo Brahman è, è reale. Il mondo dei fenomeni e i pensieri non sono quindi reali, essendo impermanenti e imperituri. - N. d. T.

Figli, chiedete sempre delle prove e delle spiegazioni, ma non si può dimostrare la validità di ciò che è stato appena detto. È possibile comprovare un'ipotesi scientifica o un fenomeno percepibile dai sensi, ma l'*Atman* è al di là della scienza e della percezione sensoriale, non può essere dimostrato empiricamente perché è un'esperienza interiore. Dovete capire che è la mente che ha bisogno di una prova inconfutabile. Questa mente, di per sé irreale, chiede che le si dimostri quella Realtà! La fonte dei vostri dubbi e interrogativi è per sua natura non reale. I dubbi e i timori scaturiscono tutti dalla mente, questa grande bugiarda.

Vi porterò un esempio. C'era una volta un famoso lottatore che nessuno riusciva a vincere. Era davvero imbattibile. Essere stato il campione nazionale, l'uomo più forte del Paese per molti anni, aveva finito per riempirlo d'orgoglio e di arroganza. Un giorno andò da lui un lottatore proveniente da un'altra città e lo sfidò. Il campione accettò la sfida e fu stabilita la data dell'incontro, cui fu dato ampio risalto. Arrivò il giorno tanto atteso e i due atleti salirono sul ring. Il nostro spocchioso lottatore, da sempre vincitore, era più che certo della vittoria. Rispetto all'avversario era più forte e muscoloso e poteva vantare lunghi anni di esperienza. L'incontro cominciò. Il pubblico gridava e li incoraggiava fischiando e gesticolando. Alcuni inneggiavano al campione, altri tifavano per lo sfidante. Il combattimento stava durando già da tempo ed era difficile prevedere chi avrebbe vinto. Alla fine lo sfidante sconfisse il campione e fu dichiarato campione nazionale. Il pubblico urlò: 'Evviva il nuovo campione!' e coprì di scherno il perdente. L'ex-vincitore si alzò a fatica e uscì a testa bassa per la vergogna. Perfino lontano dallo stadio, l'eco di quelle parole beffarde continuava a risuonare nelle sue orecchie. Aveva il cuore pieno di odio e la mente era molto agitata. Fu a questo punto che si svegliò bruscamente.

Già, tutto questo era avvenuto soltanto in sogno! Ciò nonostante il nostro uomo era estremamente turbato, aveva perso la sua pace interiore e come un leone in gabbia camminava su e giù per la stanza pensando solo alla rivincita. Completamente identificato con il sogno, cercava di escogitare il modo per sconfiggere il suo avversario e pensava. 'O mio Dio, che vergogna! Ho perso la mia reputazione. Come posso mostrarmi in pubblico? Adesso nessuno mi rispetterà più. Come farò a sopportare gli insulti? Preferisco morire piuttosto che vivere così. Devo vendicarmi di quello stupido!' Non riusciva a pensare ad altro. Rimuginando sulla sconfitta e strappandosi i capelli, il nostro atleta borioso camminava avanti e indietro come un pazzo. Man mano che aumentava la sua agitazione, cresceva anche il desiderio di uscire da questo stato d'animo. Alla fine si sedette e cercò di rilassarsi. Funzionò. Non appena la mente iniziò a calmarsi, anche i pensieri si ridussero e ben presto si rese conto di quanto fosse stato sciocco. 'Dio mio, cosa mi è successo?' si disse. 'Che stupido! Era solo un sogno, completamente irreale, una semplice creazione della mente. Mi sono spaventato e agitato per qualcosa che non è mai accaduto'.

Figli, avete visto quanto la mente del campione l'avesse ingannato. Identificandosi con il sogno, aveva preso per vero quello che gli era accaduto. Da dove venivano dunque il lottatore che l'aveva sconfitto e gli spettatori che l'avevano fischiato e insultato? Chi aveva ideato le varie tecniche di lotta con cui si erano battuti? Chi aveva creato il ring, la sconfitta e il conseguente senso di vergogna, la collera e il desiderio di vendetta? Tutto quanto non era che una costruzione mentale. Sebbene fosse evidente questa finzione, il nostro lottatore ci aveva creduto e aveva reagito di conseguenza. Finché era identificato con il mondo del sogno creato dalla mente aveva sofferto, ma quando aveva capito che si trattava di un'illusione, si era liberato dalla sua presa e aveva ritrovato la pace.

Anche noi ci identifichiamo con un sogno. Nel caso del lottatore, esso era di breve durata. Appena l'uomo si era svegliato, il sogno era svanito e, man mano che si rilassava, sfumava anche la sua immedesimazione. Noi invece ci identifichiamo con un sogno molto più lungo, creato dalla mente e basato sui nostri pensieri e sulle nostre esperienze passate. Al momento, crediamo che sia vero. Viviamo in un sogno creato dalla mente e ci identifichiamo con esso. Non ci siamo ancora svegliati.

Mi hai chiesto di spiegarmi in modo più chiaro. Come posso farlo finché stai sognando? Il sogno svanirà quando ti sveglierai. Soltanto allora tutto diventerà chiaro.

Figli, state tutti sognando e credete che ciò che vi sta capitando sia vero. Nessuna spiegazione potrà farvi capire che non lo è. Finché non vi sarete svegliati, fino a quando sarete immedesimati con il sogno, tutto resterà un concetto confuso. Svegliatevi, e capirete che stavate sognando. Allora tutto sarà perfettamente chiaro, cristallino".

I due poteri della mente

"La mente ha due poteri: il potere velante e il potere proiettivo" proseguì la Madre. "Prima la mente offusca la vera natura di un fenomeno e poi la travisa. Ecco perché Amma dice che la mente è bugiarda: nasconde la verità e poi ce la fa apparire diversamente da ciò che è.

Un uomo camminava su un sentiero. Stava scendendo la notte e nella fitta penombra faceva fatica a vedere la strada. Improvvisamente sentì di essere stato morso al piede. Toccandolo, capì che vi era una leggera ferita che stava sanguinando. Si sentì agghiacciare quando vide un serpente arrotolato nel cespuglio lì vicino. Certamente era stato lui a morderlo. Preso dal panico, si mise a gridare con quanto fiato aveva in gola: 'Aiuto, sono stato morso da un serpente velenoso! Sto per morire! Per favore, qualcuno venga e mi porti dal medico!'

Terrorizzato, l'uomo continuava a urlare. Dopo un po', cominciò a sentirsi terribilmente stanco e a girargli la testa. Gli sembrava di svenire. Si sedette a terra seguitando a invocare aiuto. Dopo qualche minuto, dall'oscurità sbucò un uomo con una torcia. 'Cosa c'è? Cos'è successo?' chiese. 'Sono stato morso da un serpente velenoso! Sto morendo! Mi può portare da un medico?' 'L'aiuterò io, non si preoccupi. Ma dov'è accaduto esattamente?' domandò lo sconosciuto. 'Proprio qui, in questo punto. Guardi in quel cespuglio e vedrà un serpente!' rispose il ferito. L'uomo diresse la torcia verso il cespuglio e cosa vide? Un cespuglio spinoso con un pezzo di corda attorcigliato. 'Guardi meglio!' esclamò il soccorritore. 'Non è che un cespuglio, deve averla punta una spina. Nella penombra ha scambiato la corda per un serpente e si è convinto di essere stato morso. Ora che sa come stanno le cose, può tranquillizzarsi'. Quando seppe cos'era realmente successo, la stanchezza e il senso di vertigine svanirono e l'uomo si rilassò.

Ecco come la mente si prende gioco di noi. In questa storia, la mente aveva prima velato la realtà della corda per poi proiettare su di essa il serpente. Il serpente è il vostro passato. Questo è il modo di agire della mente: velare l'*Atman*, la Realtà che è una, e sovrapporvi il mondo della pluralità. L'*Atman* (il Sé) viene velato per sovrapporvi i pensieri. Non c'è fine a questo inganno della mente. Solo la luce della Conoscenza trasmessa da un vero Maestro può distruggere l'illusione e sarà allora che realizzerete la Verità e sarete in pace. È in quel momento che avviene il vero risveglio. Prima di allora non vi sarà possibile cogliere con chiarezza la Verità".

Svegliatevi e saprete

Ci fu una breve pausa, seguita da questa domanda di Venu:

"Amma, il risveglio di cui hai appena parlato e lo stato di *sakshi-bhava* sono la stessa cosa o sono diversi?"

La Madre rispose:

"Figlio, sia il risveglio che lo stato di *sakshi-bhava* implicano l'essere coscienti. Praticare veramente la spiritualità significa essere pienamente coscienti: entrambi hanno un unico e identico significato. La maggior parte della gente non è cosciente e vive in uno stato di non consapevolezza perché le è stato insegnato a vivere così.

Quando nasce, un bambino possiede pura consapevolezza, ma la società lo induce a perderla. Gli adulti, i genitori, i fratelli, gli amici e la società lo incoraggiano a sviluppare diverse abitudini. Lo allevano in un certo modo, gli fanno adottare una particolare religione, lingua, alimentazione, educazione e determinate consuetudini. Tutto ciò che lo circonda lo condiziona e appanna la sua coscienza, e così lui dimentica la sua vera natura. Riceve un'infinità di insegnamenti tranne quello che spiega come dimorare nella sua natura reale. Crescendo, la sua consapevolezza è quindi oscurata dai condizionamenti imposti. Egli perde la sua purezza e spontaneità e non impara mai il modo di rimanere calmo.

Per essere consapevoli, bisogna prima essere calmi. Se non sai come spezzare i lacci della mente non riuscirai a rilassarti. Con la loro vita, i saggi e i veggenti del passato ci hanno mostrato la tecnica con la quale dissolvere la mente, i pensieri e i lacci che creano".

Concitato, Venu la interruppe esclamando: "Amma, perché ricorrere al lontano passato? Ora tu sei qui e ci mostri il cammino!"

Senza prestare attenzione a questo commento, la Madre continuò:

"Scegli pure la professione che preferisci, ma oltre ad apprenderla impara anche a restare pienamente consapevole in tutte le circostanze. Quando avrai appreso quest'arte sarai sempre il testimone cosciente di ciò che si svolge attorno a te, senza esserne coinvolto.

Immagina di stare per andare in collera. Avverti il sorgere di questa emozione e sai che anche il pensiero della collera proviene da te. Quando ne sei conscio e lo vedi con chiarezza, come può travolgerti? L'ira è una calamità. Nessuno vorrebbe essere preda di questo stato d'animo che contamina e avvelena tutti e tutto e, come qualunque altra qualità negativa della mente, è disastroso. Queste emozioni sono presenti quando manca la consapevolezza. Se sei cosciente, pienamente sveglio e all'erta non avranno alcuna presa su di te. Osserva con consapevolezza anche quando un'emozione abbandona la tua mente. Attualmente le cose accadono senza che ne siamo consapevoli e ci lasciamo trasportare dai pensieri e dalle emozioni, come se interiormente fossimo profondamente addormentati.

Il *sakshi-bhava* può essere sia una pratica sia uno stato permanente. Quando vi sei costantemente radicato, esso diviene spontaneo e perfettamente naturale. Se non si è sempre vigili, non è possibile avere l'atteggiamento del testimone. In tale stato non c'è spazio per il mondo di sogno creato dal passato. Il passato deve morire. Per poter essere testimoni, la mente deve dissolversi.

Figli, la vostra vera natura è come il cielo, non come le nuvole. La vostra natura è come quella dell'oceano e non come quella delle onde. Il cielo è pura Coscienza, l'oceano è pura Coscienza. Il cielo osserva semplicemente le nuvole e l'oceano le onde. Le nuvole non sono il cielo né le onde l'oceano. Le nuvole e le onde appaiono e scompaiono. Il cielo e l'oceano rimangono come il sostrato che permette l'esistenza delle nuvole e delle onde. Entrambe non hanno un'esistenza di per sé e neppure una propria realtà: sono impermanenti. Come il cielo e l'oceano, il Testimone è il sostrato. Tutto avviene in seno a questo stato supremo di testimone, ma il Testimone è pura esistenza: incontaminato e imperturbabile.

Allo stesso modo, la mente e i suoi pensieri cambiano continuamente. Sono irreali e impermanenti, effimeri come le nuvole del cielo e come le onde dell'oceano e non possono intaccare la vostra Coscienza. Sotto la superficie, la Coscienza è pura e inviolata. Questa pura Coscienza, eternamente consapevole di tutto ciò che accade, è il Testimone, il *sakshi*, di tutte le cose.

Essere radicati nello stato di *sakshi-bhava* significa essere perennemente coscienti. Non è possibile accedervi se non si è pienamente svegli e perfettamente coscienti".

Un devoto venuto in visita disse: "Nel *Lalita Ashtottara* (i 108 Nomi della Madre Divina) si afferma che la Devi è la Testimone dei tre stati della mente: *jagrat* (lo stato di veglia), *svapna* (lo stato di sogno) e *susupti* (lo stato di sonno profondo). '*Jagrat svapna susuptinam, sakshi bhuttyai namah*'". Congiungendo le mani, l'uomo proseguì dicendo: "Amma, noi crediamo che tu sia Lalita Parameshvari, la *Sakshi* suprema, la Testimone di tutti e tre gli stati mentali".

La Madre si mise a cantare *Uyirayi Oliyayi*...

O dea Uma,
Vita, Luce e Forza della Terra,
dove sei?
O Tu che sei la saggezza
e anche il vento, il mare e il fuoco,
non hai compassione di me?

Tu sei la vera e segreta Conoscenza;
in Tua assenza
tutta la saggezza del mondo

è fuggita lontano
e il ciclo delle rinascite si ripete all'infinito.
L'irreale è divenuto reale,
e cresce l'ingiustizia.

La scimmia della mente
vaga senza sosta
tenendo in mano il frutto dell'orgoglio.
Non riflettendo sulla sua vera natura,
diventa cibo per il dio della morte.

Terminato il canto, la Madre entrò in meditazione profonda. Sedeva immobile, immersa nel suo stato naturale, trascendente. Sembrava totalmente distaccata. La spiegazione che aveva appena finito di dare sul supremo stato di coscienza aveva visibilmente rimosso il sottile velo che separa la sua vera natura dal mondo esterno. Una volta la Madre aveva detto: "Un velo sottile è stato creato al fine di poter stare qui in questo mondo, tra di voi. Ma se lo desidera, Amma può in ogni momento rimuovere questa cortina leggera".

Mentre siamo seduti alla presenza di Amma e la guardiamo, potremmo fare esperienza del suo aspetto impersonale. Quella notte, in quel momento, era possibile avere un barlume dello stato supremo in cui dimora. Sullo sfondo dell'immenso oceano e delle sue onde che s'infrangevano sulla spiaggia illuminata dalla luna, sotto il vasto manto del cielo costellato di stelle scintillanti, nel suo rapimento la Madre pareva un mistero impenetrabile. L'atmosfera era colma di un'energia spirituale tangibile, di un senso di eccezionale profondità che generava in ciascuno uno straordinario senso di pace. Fu un momento di pura beatitudine. Trascorsero così circa quindici minuti e, sebbene un vento freddo soffiasse dal mare, tutti restarono perfettamente immobili.

Era quasi mezzanotte. Il corpo della Madre fu attraversato da un leggero movimento e dopo qualche istante riprese il suo stato di coscienza normale. Tutti si accorsero che si era mossa.

Alcuni pescatori uscirono dalle loro capanne per vedere cosa accadesse a quell'ora insolita della notte e qualcuno di loro si unì al nostro gruppo.

L'attaccamento è una malattia

La Madre riprese ben presto a parlare:

"Gli esseri umani hanno due problemi principali: il primo è non poter ottenere ciò che desiderano, il secondo è piuttosto singolare perché sorge quando hanno ciò che desiderano".

"Amma, che cosa strana! Come può sorgere un problema quando si è ottenuto ciò che si vuole?" qualcuno chiese.

La Madre rispose:

"Figlio, è molto semplice. Ogni volta che i tuoi desideri sono soddisfatti si crea una serie di problemi prodotta dall'attaccamento per ciò che hai ottenuto. Quando hai conseguito ciò che desideri, il passo successivo sarà proteggerlo e tutto questo non farà che rafforzare il senso di possesso. La mente è sempre inquieta, sia che tu raggiunga o meno i tuoi obiettivi. Nello sforzo di conservare quello che hai acquisito perdi la pace interiore. Il problema vero è l'attaccamento provocato dalla mente problematica. L'attaccamento è una malattia e quando è troppo forte può addirittura portare alla follia.

Non è possibile essere in pace rimanendo aggrappati alle cose del mondo perché l'attaccamento crea molta tensione mentale e genererà indubbiamente sofferenza. L'ansia e l'eccitazione create dall'essere troppo legati a un oggetto producono un turbinio di pensieri e accrescono la confusione; la tensione può essere tale da non riuscire più a controllare la mente. Non si sa più cosa fare e si perde la propria lucidità. La mente diventa come una foresta devastata da un ciclone. Prima di allora si era in qualche modo riusciti a guardare le cose con un po' di distacco, ma ora la tensione prodotta dall'attaccamento ha raggiunto il culmine, il carico è troppo pesante e si è incapaci di affrontare il problema.

La situazione sfugge di mano, ci si sente abbandonati, amareggiati, e si è completamente soggiogati dalla mente. Man mano che ci si identifica con la mente e le sue emozioni negative, si affonda nei pensieri, che ci travolgono inghiottendoci. Si ha un crollo emotivo e si precipita nei meandri più oscuri della mente, con il rischio di perdere il senno. Ecco dove ci può condurre l'attaccamento.

Amma vuole condividere con voi questa storia. Un uomo stava visitando un ospedale psichiatrico accompagnato da un suo caro amico psichiatra. Il medico lo condusse nei reparti e gli mostrò i pazienti. In una delle stanze, un uomo si dondolava su una sedia ripetendo come un ebete e senza mai fermarsi: 'Pumpum, Pumpum, Pumpum'. L'uomo esclamò: 'Poveretto! Che problema ha? E chi è Pumpum?' Il medico rispose: 'Pumpum era la fidanzata che l'ha lasciato per sposare un altro e così lui ha perso la ragione'. Il visitatore sospirò e continuò il giro. Entrando in un'altra stanza, vide con stupore un altro malato che picchiava la testa contro il muro mentre pronunciava lo stesso nome: 'Pumpum, Pumpum, Pumpum'. Il visitatore chiese al medico: 'E lui che è? C'è qualche legame tra Pumpum e questo uomo?' Il medico rispose: 'Sì, lui è l'uomo che ha sposato Pumpum'".

La storia fu accolta da una fragorosa risata che, nel silenzio della notte, rimbombò come un'esplosione. Lentamente le risa si placarono fino a fondersi nel rumore dell'oceano. Verso mezzanotte e mezzo la Madre si alzò e ritornò all'ashram seguita dai suoi figli.

Che notte meravigliosa! Queste situazioni indimenticabili creano una profonda impressione nel cuore del discepolo, hanno un valore inestimabile e offrono innumerevoli spunti di riflessione.

Vivere con un vero Maestro vivente è una benedizione rara, la benedizione più rara e preziosa che un essere umano possa mai ricevere. In seguito, questi momenti faranno sorgere nel discepolo onde infinite di struggente amore e nostalgia che lo spingeranno a tuffarsi nelle profondità della sua coscienza da cui si librerà verso le più sublime altezze della beatitudine spirituale. È davvero benedetto chi può stare alla presenza di un grande Maestro come la Madre.

Quando Amma dice: "Non preoccuparti"

Un devoto dichiarò: "Quando Amma dice: 'Non preoccuparti', non c'è davvero motivo di preoccuparsi perché in un modo o nell'altro il problema si risolverà".

Questa è l'esperienza condivisa da molti. Chi aveva pronunciato questa frase era un uomo giunto quella sera con la famiglia per incontrare la Madre e riceverne la benedizione, e aveva buone ragioni per fare tale affermazione.

Un anno e mezzo prima sua figlia aveva sposato un giovane molto pio e il matrimonio stava andando a gonfie vele. Dopo alcuni mesi, quando la ragazza era incinta di cinque mesi, ai familiari venne comunicato che la giovane aveva un tumore all'utero, molto probabilmente maligno. I medici pensavano che la situazione fosse piuttosto grave e complessa e dissero che bisognava asportarlo chirurgicamente. Pensavano che l'intervento avesse poche possibilità di riuscita e dubitavano che sia il feto che la madre sarebbero sopravvissuti. In effetti, dissero ai genitori della giovane che solo Dio poteva salvare la donna e il bambino. Angosciati, i genitori andarono dalla Madre, la loro unica fonte di speranza, l'informarono della malattia che minacciava la vita della figlia e invocarono la sua benedizione. Tutta questa famiglia era sempre stata molto devota di Amma, fin da quando l'aveva incontrata per la prima volta nel 1981. Quando aveva un problema si rivolgeva a lei, chiedendole un consiglio e la sua grazia.

La Madre ascoltò i genitori, partecipe della loro sofferenza, e poi disse: "Non preoccupatevi. Amma si prenderà cura di vostra figlia e del suo bambino". Avendo un'immensa fede nella Madre, smisero di angustiarsi anche se dopo quattro mesi la ragazza dovette essere operata. La loro fede nelle parole della Madre fu ricompensata al cento per cento. Durante l'operazione, i chirurghi estrassero prima il bambino e poi asportarono il tumore uterino che pesava quasi due chili. Con grande meraviglia dei sanitari, sia la madre che il bambino sopravvissero. I medici si aspettavano che dopo l'intervento subentrassero delle complicazioni, ma invece non fu così e tutto andò per il meglio. La madre e il bambino erano entrambi in perfetta salute.

Questa famiglia stava aspettando con impazienza di ricevere il darshan di Amma e appena la Madre uscì dalla stanza e scese la scala le corsero incontro. Prostrandosi a lei, posero il neonato ai suoi piedi. Piangendo di gratitudine, la madre del bambino esclamò: "Amma, solo la tua grazia ha permesso che nascesse". La Madre prese in braccio il piccolo e cullandolo gli disse: "Hai visto quanti problemi hai dato alla tua mamma, solo per farti venire al mondo?"

Poi Amma sedette sull'ultimo gradino della scala, circondata dai residenti dell'ashram. Il bimbo guardava intensamente la Madre, senza staccare gli occhi dal suo volto. Era di carnagione scura, e per questa ragione la Madre lo chiamò Karumba, 'colui che è scuro'. Poi disse: "Figlio, sei scuro come Amma. Non ti piacerebbe avere una carnagione chiara come quella della tua mamma?" Improvvisamente il piccolo si mise a piangere e la Madre disse: "Sembra che non sia contento che Amma l'abbia chiamato Karumba..."

Il nonno del bambino era al colmo della gioia e non riuscendo più a contenersi replicò. "No, no! È molto contento di sapere che è scuro come te, Amma, ma non gli è piaciuto che tu gli abbia chiesto se volesse essere chiaro come la mamma. Piange in segno di protesta!"

Questa dolce risposta piacque a tutti e provocò una risata generale. Anche la Madre si unì alle risate mentre restituiva il piccolo alla sua mamma.

Le austerità sono necessarie

Volgendosi verso i residenti attorno a lei, la Madre disse: "Affinché avvenga una nuova nascita sono necessarie innumerevoli *tapas* (ascesi, austerità). Prendete ad esempio la nascita di un bambino: durante la gravidanza la madre fa moltissimi sacrifici, deve stare attenta a tutto ciò che fa, a come si muove e persino a come si sdraia. Deve rinunciare ad alcuni alimenti e non può affaticarsi svolgendo eccessiva attività fisica. Probabilmente dovrà anche evitare situazioni che la potrebbero innervosire o irritare e sarebbe meglio che non sia troppo pensierosa o ansiosa. Solo se seguirà le indicazioni del medico potrà dare alla luce un bimbo sano e intelligente. Un suo errore potrebbe nuocere al feto. Una donna incinta pensa continuamente al bambino che porta nel ventre, non lo dimentica nemmeno per un attimo ed è sempre pienamente consapevole. Anche noi dovremmo mostrare la stessa dedizione verso la nostra imminente nascita spirituale. Questa dedizione è chiamata *tapas*.

Che sia la nascita di una nazione, di un'istituzione, di un'attività commerciale o di qualsiasi altra cosa, il processo del nascere richiede molto *tapas*. In qualsiasi campo sono necessari dei sacrifici per raggiungere la vetta.

Sia che voi siate una persona spirituale o abbiate obiettivi prevalentemente materiali, se volete eccellere nel vostro campo è assolutamente indispensabile che pratichiate austerità.

Impegnarsi a conseguire la realizzazione spirituale significa dover morire per poi rinascere. L'ego deve morire perché possa nascere il nostro vero 'Io' e, come per qualsiasi nascita, occorre fare rigorose rinunce. Potremmo dire che il *tapas* è inevitabile, che la sofferenza è necessaria per ottenere qualsiasi cosa. Pervenire allo scopo spirituale richiede infinito *tapas*. La differenza tra il fine spirituale e le altre aspirazioni sta solo nell'intensità dell'impegno necessaria. La realizzazione del Sé è la più grande felicità possibile e il prezzo da pagare è dunque molto elevato, mi sembra piuttosto ovvio.

La felicità che ci procura il mondo è effimera e non dura mai a lungo, un momento c'è e il momento dopo non c'è più, ma la felicità spirituale non è così: una volta aperto il varco, vale a dire una volta che abbiamo trasceso le limitazioni del corpo, della mente e dell'intelletto e abbiamo raggiunto questo stato, non c'è ritorno. La beatitudine è per sempre. Ed è infinita. Ma perché questo avvenga si deve pagare il giusto prezzo. Non potete giungervi dando solo una parte di voi, dovete offrire la vostra vita intera.

Persino per acquisire alcuni beni materiali, una posizione migliore o la fama, sono necessari numerosi sacrifici. Occorre studiare e seguire una formazione adeguata per conseguire una buona istruzione e le qualifiche necessarie. Molti rinunciano ai piaceri della vita familiare per migliorare la loro posizione sociale o il loro reddito e investono in questi obiettivi tempo ed energia. Più felicità desiderate, più bisogna compiere sforzi, e più alto è il prezzo da pagare.

Qualunque sia la prosperità materiale raggiunta, sarà sempre accompagnata dalla sofferenza e dall'insoddisfazione. Quando invece avrete raggiunto le vette della spiritualità, ogni sofferenza e insoddisfazione scompariranno, non dipenderete più da nulla e potrete rilassarvi completamente.

Se però preferite vivere nel vostro villaggio, soddisfatti di un lavoro modesto e delle gioie della famiglia, fatelo pure. Vi verranno richiesti minore impegno, tempo ed energia, e i sacrifici e le prove che dovrete affrontare saranno limitati. Ma se siete ambiziosi e desiderate guadagnare di più pensando che in tal modo sarete più felici, allora dovrete praticare molto più *tapas*. Se sognate di diventare un medico o un ricercatore in un paese straniero come ad esempio gli Stati Uniti, l'intensità dell'impegno (*tapas*) e della sofferenza sarà enorme.

Così, se qualcuno ambisce a diventare la persona più felice del mondo, deve condurre una vita spirituale e intraprendere severe pratiche ascetiche. Non c'è altro modo, e mi sembra una cosa piuttosto logica. Anche solo per essere proprietario di alcuni beni, di una casa, di un'automobile o di un pezzo di terra, bisogna pagare profumatamente e compiere grandi sacrifici. Ebbene, la spiritualità equivale a regnare sul creato. L'universo vi appartiene, è vostro servitore e voi lo governate. Potete quindi immaginare quante austerità occorrano per diventare il padrone dell'universo, acquisire una tale ricchezza e diventarne il signore, l'essere più felice, per l'eternità.

Sì, figli, si tratta proprio di una nuova nascita. Per diventare veramente spirituali dovete nascere di nuovo. E perché nasca il vero 'Io', bisogna morire.

Quando il guscio che racchiude il seme muore, spunta il germoglio, che a poco a poco crescerà e diventerà un albero capace di donare ombra, fiori e frutti. Allo stesso modo, il nostro guscio composto dal corpo e dall'ego deve morire per poter crescere e realizzare l'*Atman* (il Sé).

Come una madre accetta i dolori del parto, così un vero *sadhak* (aspirante spirituale) deve essere pronto ad accettare senza scoraggiarsi e con grande consapevolezza la sofferenza del *tapas* per poter diventare un bellissimo fiore divino profumato. Per fiorire, il bocciolo deve schiudersi e questo processo di apertura implica una certa sofferenza. Nello stadio in cui siete, il vostro cuore è ancora un bocciolo chiuso e, perché possa aprirsi, la sofferenza e il calore del *tapas* sono inevitabili. Il significato letterale di *tapas* è 'calore'. Soltanto il calore che produce e la sofferenza e la sete ardente che creano possono bruciare la mente, incenerire i pensieri e le *vasana* (tendenze), e l'ego. Il processo di apertura è doloroso, ma quando il fiore divino del cuore si apre, la sua bellezza e il suo incanto sono indescrivibili ed eterni".

Sii un principiante pieno d'innocenza

Qualcuno chiese: "Qual è il modo migliore per favorire questa apertura?"

La Madre rispose: "Figlio, puoi rimanere per sempre un principiante? Riuscire a conservare l'innocenza del principiante è il modo migliore per favorire questo sbocciare".

Un *brahmachari* esclamò: "Amma, cosa intendi per principiante?"

La Madre rispose:

"Figlio, solo se sei consapevole della tua ignoranza puoi mantenere l'atteggiamento di un principiante. Un esordiente è sempre ignorante e sa di esserlo, ed è per questo che ascolta attentamente. È aperto e ricettivo. Quando pensi di sapere non ascolti più, parli soltanto; la tua mente e il tuo intelletto sono pieni. Non sei più un principiante, ma un dotto. In realtà, il dotto è più ignorante degli altri perché è chiuso, avendo perso la capacità di rimanere aperto e ricettivo. Possiederà anche molte conoscenze, ma in realtà non sa nulla. Il vero sapere non sta nell'accumulare conoscenze. Per sapere, devi essere aperto e avere l'innocenza di un principiante.

Un neofita è capace d'inchinarsi in tutta umiltà ed è così che il vero sapere fluisce in lui. Per contro, un erudito è solo pieno di informazioni, diventa facilmente egoista e quindi non è capace di prostrarsi ed essere umile. Il vero sapere non può entrare perché gli manca lo spazio necessario e quindi fuoriesce.

Amma vi racconterà una storia. C'era una volta un *Mahatma* che viveva in una fitta foresta. Un giorno uno studioso andò a fargli visita. L'uomo aveva molta fretta e così disse al *Mahatma*: 'Venerabile, mi potrebbe parlare della meditazione?' Il grande saggio sorrise e rispose: 'Perché ha così premura? Si accomodi, si rilassi e prenda una tazza di tè. Poi potremo parlarne, abbiamo tempo'. Ma lo studioso era molto irrequieto e impaziente e replicò. 'Perché non ora? Mi dica qualcosa sulla meditazione!' Il *Mahatma* lo invitò nuovamente a sedersi, a rilassarsi e a bere una tazza di tè. Il visitatore dovette infine cedere e si sedette, senza però riuscire a rilassarsi. Non è infatti nella natura dei dotti farlo, e quindi continuò il suo chiacchierio interiore. Il *Mahatma* fece tutto con molta calma: preparò il tè e ritornò dallo studioso che l'aspettava impaziente. Gli porse la tazza e poi cominciò a versare il tè. Presto la tazza fu piena e la bevanda iniziò a traboccare mentre il saggio continuava a versare. 'Cosa fa?' gridò lo studioso. 'La tazza è piena! Si fermi!' Ma il *Mahatma* continuava imperterrito: il tè traboccò nel piattino e poi cominciò a gocciolare sul pavimento. Il visitatore esclamò urlando: 'Ma è cieco? Non vede che la tazza è piena e che non può contenere un'altra goccia?' Il *Mahatma* sorrise e si fermò. 'Ha ragione', disse, 'la tazza è piena e non può contenere neppure un'altra goccia. Lei quindi sa che una tazza piena non può contenere più nulla. Quindi, come può lei, che trabocca d'informazioni, ascoltarmi mentre parlo della meditazione? È impossibile. Prima svuoti la sua mente e poi ne riparleremo. Inoltre la meditazione è un'esperienza che non si può spiegare a parole. Ci si può giungere sbarazzandosi della mente e dei suoi pensieri'".

La Madre proseguì: "Le persone che sono piene di nozioni e gli intellettuali sanno solo parlare, non sanno ascoltare perché per farlo bisogna essere vuoti interiormente. Solo chi coltiva questo atteggiamento: 'Sono un esordiente, sono ignorante', può ascoltare con fede e amore. Gli altri non ne sono capaci.

Se osservate due professori che parlano, vedrete che nessuno dei due ascolta il suo interlocutore. Certo, l'uno tace quando parla l'altro e viceversa. Probabilmente voi pensate che si stiano ascoltando, ma in realtà non è così. Non sono capaci di farlo.

Quando uno parla, l'altro forse non dirà nulla, ma dentro di sé sta riordinando le idee, i suoi concetti. Ognuno aspetta che il collega finisca per poter prendere la parola e non c'è nessun legame tra le frasi che si scambiano. Il primo parla di A e il secondo di Z. Nessuno dei due è un buon ascoltatore, entrambi sanno solo parlare.

Come ascoltare

Se volete essere bravi discepoli dovete diventare bravi ascoltatori, avere fede e amore. Coltivate sempre l'atteggiamento del principiante per poter ascoltare adeguatamente e avere l'apertura e l'innocenza di un bambino".

Qualcuno le chiese: "Amma, a me sembra di ascoltarti quando parli. Non mi pare di stare parlando con me stesso. Mi sto sbagliando?"

La Madre rispose:

"Figlio, Amma non sta dicendo che non ascolti. Ascolti, ma parzialmente. Ascolti con la mente. Il tuo ascolto è parziale, non totale.

Se ad esempio guardi gli spettatori di una partita di cricket o di calcio, vedrai che a volte dimenticano se stessi. Quando il loro giocatore preferito fa un lancio o dà un calcio al pallone, anche i tifosi fanno dei movimenti strani con le mani o le gambe, e a volte noterete delle espressioni singolari sul loro viso. Sebbene tutto il loro corpo partecipi, non hanno ancora dimenticato interamente se stessi: sono concentrati sulla partita, ma solo parzialmente.

Quando un grande musicista suona, il pubblico partecipa e segue il ritmo muovendo la testa o battendo le mani. Anche questo coinvolgimento è incompleto, è solo a livello emotivo e non include tutto il proprio essere.

Quando ascolti una canzone sei presente, mentre nella vera partecipazione sei completamente assente, avendo dimenticato te stesso. Il tuo intero essere, ogni cellula del tuo corpo si apre, tu sei completamente ricettivo e non ti sfugge nulla: assorbendo l'oggetto dei tuoi pensieri o della tua meditazione, diventi uno con esso. In una tale partecipazione sei completamente assente. È come non ci fosse più il giocatore ma esistesse solo il gioco. Il cantante cessa di esistere e rimane solo il canto.

Quando Mira Bai cantava e danzava, lo faceva con tutta se stessa. Quando le gopi di Vrindavan si struggevano per Krishna, lo facevano con tutte se stesse. Dimenticandosi di sé, finivano per identificarsi con Krishna.

Il tuo ascolto è totale solo se tutto il tuo essere partecipa. Solo allora la vera conoscenza fluirà in te. Quando avrai imparato ad ascoltare il Maestro con tutto te stesso, allora tu sarai assente. In un tale ascolto, in una tale partecipazione, non c'è posto per la mente né per l'ego. Ti sei identificato con il Maestro, con la sua coscienza infinita, per divenire il tutto.

Un giorno il Signore Krishna e Arjuna stavano passeggiando e avendo una lunga e piacevole conversazione. Ad un certo punto Krishna disse ad Arjuna: 'Tu dici di credere che Io sia un'incarnazione divina. Vieni dunque con me perché oggi voglio mostrarti una cosa'. Camminarono insieme nella campagna per un po' di tempo e poi Krishna si fermò. Indicando una vite che cresceva rigogliosa in un campo disse: 'Cosa vedi?' Arjuna rispose: 'Vedo una vite carica di grappoli d'uva maturi'. Il Signore replicò: 'Ti sbagli, Arjuna, non ci sono né la vite né i grappoli. Guarda meglio'. Arjuna guardò più attentamente e con stupore vide che davanti a lui non c'era nessuna vite, c'era solo il Signore. E non c'erano neppure grappoli d'uva, ma solo un'infinità di altre forme di Krishna aggrappate alla forma del Signore.

Quando la tua partecipazione è totale, diventi tutto, ti identifichi con l'intero universo. Un mondo nuovo si spalanca davanti a te e dimori stabilmente in quello stato".

Tre tipi di studenti

"Le Scritture parlano di tre tipi di studenti" proseguì Amma. "Lo studente migliore e più capace è quello che ascolta le parole del Maestro con tutto il suo essere. Se il Maestro gli dice: 'Tu sei *Brahman*', egli realizza immediatamente il *Brahman*, la Realtà Assoluta. Com'è possibile? Attraverso un ascolto totale e una partecipazione completa, accompagnati da una fede incrollabile e un amore incondizionato. Un tale studente avrà indubbiamente una sete inestinguibile di conoscere la Verità e berrà le parole del Maestro. Anzi, no, in verità berrà il Maestro intero con tutto il suo essere. La frase 'Tu sei *Brahman*' va dritta al suo cuore, e così giungerà alla realizzazione.

Un tale discepolo mantiene l'atteggiamento interiore del principiante, del neofita pieno d'innocenza. Forse conosce a fondo le Scritture, eppure rimane un principiante, innocente come un bambino. Essendo umile, la vera Conoscenza penetra in lui. Si può accedere alla Conoscenza più profonda solo partecipando con tutto il proprio essere e imparando l'arte d'inchinarsi alla creazione in assoluta umiltà.

Il secondo tipo di studente ascolta, ma solo parzialmente. Gli occorrerà molto più tempo per realizzare la Verità. Ascolta, ma solo a livello emotivo, non con tutto se stesso. Ha un ascolto incompleto e la sua fiducia e il suo amore non sono totali. Il Maestro deve avere molta pazienza con lui, in modo che impari infine ad ascoltare totalmente. Un tale alunno non possiede ancora l'arte di dimenticare tutto e di partecipare con tutto il suo essere. La vera conoscenza può fluire in lui solo se ascolterà il Maestro con una tale attenzione che gli farà dimenticare se stesso. La sua mente vacillante e dubbiosa gli impedisce di avere l'innocenza di un esordiente e quindi la Conoscenza non può fluire in lui. Anche se a volte questo accade, la mente interviene di nuovo e non lo lascia permanere in quello stato. La mente non deve assolutamente intromettersi né porre domande. Solo così smetterà d'interferire e sarà possibile un ascolto totale. Prima di allora, l'ascolto del discepolo sarà parziale. Ciò nonostante, un vero Maestro, l'incarnazione stessa della pazienza e della compassione, l'aiuterà a raggiungere la meta finale.

Nel terzo tipo di discepolo predomina l'intelletto. Costantemente impegnato in un dialogo interno, ha una mente così piena d'informazioni che non sa ascoltare. Questo studente è molto egocentrico e possiede uno spiccato senso dell'io e del mio. Il Maestro deve esercitare una pazienza infinita per riuscire a guidarlo verso la luce. Non sapendo come essere un principiante innocente, un tale discepolo ha una scarsa capacità d'ascolto; non riesce a inchinarsi, manca d'umiltà e quindi la vera conoscenza non può entrare in lui. Anche se il Maestro gli ripete continuamente: 'Tu sei Dio, tu sei Dio. Tu sei *Brahman*, l'Assoluto', interiormente lui seguirà a chiedersi: 'Come? Perché? In che senso? Quando?' e così via, all'infinito, perché l'intelletto trabocca di opinioni personali e di concetti tratti dalle Scritture. Il Maestro deve esercitare una pazienza infinita per riportarlo sul giusto cammino. Solo il disco divino (*Sudarshana-chakra*) potrà aprire un varco. Infine, un vero Maestro si servirà del disco divino della vera Conoscenza per aprire il guscio dell'ego di questo discepolo, svuoterà il suo intelletto rendendolo consapevole del pesante fardello costituito da un sapere limitato e poi colmerà il suo cuore con la vera Conoscenza e con la luce e l'amore di Dio. Si tratta di un lavoro enorme che solo un Maestro autentico può compiere".

La Madre è l'esempio perfetto di quest'arte di vivere ogni cosa con tutta se stessa. L'intero suo essere è nei darshan che dà, nei discorsi, nel canto dei *bhajan* o nelle attività che compie assieme agli altri nell'ashram. La sua partecipazione è assoluta ed è totalmente nell'azione che sta svolgendo in quel momento. Quando riceve i suoi figli e li abbraccia, la Madre si offre completamente a loro, dimenticando se stessa. Non bada al suo corpo né al suo benessere fisico, è a completa disposizione dei devoti e offre loro tutto il suo essere condividendone le gioie e i dolori, i successi e i fallimenti. È totalmente presente, senza la minima traccia di ego od ombra di giudizio.

In ogni suo gesto, la Madre è coinvolta con tutta se stessa, totalmente nel "qui e ora". Noi non vediamo che la sua forma esteriore, ma lei non è questa forma, è pura Esistenza. La sua completa presenza e partecipazione sono una grandissima fonte d'ispirazione. Amma non può far nulla a metà ma solo partecipare in tutta pienezza, ed è questa pienezza che rende la presenza della Madre un'esperienza meravigliosa e indimenticabile nella nostra vita. Ed è tale pienezza a conferire incanto e una speciale bellezza a tutte le sue azioni, rendendola oggetto di meditazione. Il sorriso di Amma, il modo in cui cammina, la sua voce, il suo sguardo e il suo tocco, ogni dettaglio di ciò che fa è perfetto perché la Madre è *Purnam*, la Pienezza, il Tutto.

Capitolo 5

La Madre partì per Calicut per qualche giorno. Era la prima volta che si recava in quella parte del Kerala. Era ospite di un devoto e anche i darshan si tenevano in quella casa. Ogni giorno c'era una fila interminabile di persone che andavano da lei.

Amma era seduta su una piccola branda nella sua stanza, piuttosto ampia, e riceveva singolarmente ogni devoto. La camera si trovava al primo piano, e una lunga coda di gente aspettava pazientemente il proprio turno. La fila si snodava per tutta la scala e arrivava fin sulla strada. Nella stanza della Madre alcuni sedevano in profonda meditazione, mentre altri la contemplavano pieni di meraviglia. I *brahmachari* cantavano dei *bhajan*. Un musicista chiese di poter intonare il canto di cui aveva composto la musica e che s'intitolava *Paravasamannen Hridayam Janani.*

La mia mente è profondamente agitata
e distratta da innumerevoli pensieri.
O Madre, non indugiare oltre
e prenditi cura di questo infelice.

Sappi che sto sprofondando
senza scampo negli abissi dell'oceano.
O Madre, a Te ci rivolgiamo da tempi immemorabili,
non verrai
ad asciugare le mie lacrime?

In balìa di onde tempestose
la mia mente
è nella confusione.
Mi dibatto in questo oceano di fuoco
senza riuscire a raggiungere la riva
e poter vedere i Tuoi piedi di loto.

Una visione della Madre nella forma di Parashakti

Quando il canto terminò, una donna che stava ricevendo il darshan dalla Madre si alzò improvvisamente e si mise a danzare e a cantare mentre recitava il mantra *Aum Parashaktye Namah.* Teneva le braccia alzate e le mani giunte sopra il capo e i suoi occhi erano chiusi mentre le lacrime le rigavano il volto. Sembrava in estasi. Irradiava la serenità e la gioia di chi è completamente assorto in meditazione.

Inebriata, la donna esclamò: "Quale benedizione ho ricevuto oggi! Toccando i Tuoi santi piedi, sono stata benedetta e purificata. Oggi ho visto Parashakti[4].Ti prego, Madre, non abbandonarmi!"

Alcuni devoti cercarono di portarla fuori dalla stanza, ma Amma intervenne e disse: "No, no, va tutto bene. È in uno stato di beatitudine, non toccatela, lasciatela danzare e cantare". I devoti ubbidirono, e la donna continuò ancora un po' a ballare e a cantare in quello stato.

Più tardi, parlò della sua esperienza:

"Mentre aspettavo di fronte ad Amma, lei mi rivolse un sorriso traboccante d'amore che mi investì come un fulmine: fremendo di beatitudine, mi si drizzarono i capelli. Avevo la sensazione di stare per perdere la consapevolezza del corpo. Mi gettai a terra prostrandomi ad Amma e la implorai dicendo: 'O Madre, grande Incantatrice, proteggimi! O Madre, proteggimi! O Parvati,

---

[4] L'Energia suprema, la Madre Divina.

divina sposa del Signore Shiva, dammi rifugio!' Con un affetto e un amore infiniti, Amma mi afferrò e mi attirò a sé, ponendo la mia testa sul suo grembo, poi mi sollevò il viso e mi applicò della pasta di sandalo tra le sopracciglia. Quel tocco divino fu un'altra esperienza che mi diede infinita gioia. I miei occhi erano spalancati ed era come fare esperienza dello spazio cosmico. Mi sentivo avvolta da una sensazione divina e questa presenza era così piena e tangibile che mi pareva di fluttuare nell'aria, in completa pienezza. Ma ciò che vidi aveva dell'incredibile. Non si trattava di un sogno né di un'illusione, era nitido e reale come l'immagine che ho adesso di voi".

La donna era molto emozionata, riusciva a parlare a stento perché le parole le morivano in gola. Aveva gli occhi pieni di lacrime e sembrava in estasi. Il suo interlocutore, che desiderava ardentemente che proseguisse, esclamò: "La prego, mi parli della sua visione. Cos'ha visto?"

Sforzandosi di contenere l'emozione, rispose: "Davanti ai miei occhi mi è apparsa la stupenda e sublime forma della Devi, in tutto il Suo splendore e la Sua gloria, seduta nella posizione del loto, con tutte le Sue armi. È impossibile descrivere con le parole questa esperienza meravigliosa. Il mio cuore era inebriato. C'era solo beatitudine, beatitudine, beatitudine... Ero sommersa dalla beatitudine suprema". Mentre raccontava la sua esperienza sembrava provare ancora questa gioia infinita.

I quattro giorni a Calicut furono indimenticabili. Un flusso ininterrotto di devoti venne a ricevere la benedizione della Madre. Il darshan del mattino, che iniziava alle nove e mezzo, finiva alle quattro o quattro e mezzo del pomeriggio. I programmi serali si svolgevano in diversi luoghi pubblici. Persone di ogni età e ceto sociale vennero a incontrare la Madre: bambini, anziani, *sannyasi*, intellettuali, studenti, avvocati, medici, operai, uomini politici e giornalisti. Durante il darshan del mattino la stanza era talmente gremita che non restava un altro centimetro di spazio per sedersi.

Non è possibile descrivere il modo in cui la Madre dà il darshan ai devoti. Proprio come uno specchio riflette la vostra immagine, le persone vedono in Amma la loro vera natura, il loro Sé, e sentono di avere raggiunto lo scopo della loro vita. La Madre soddisfa i loro desideri, sa che cosa desidera ciascuno e dona in abbondanza perché lei è la fonte inesauribile, il Sé infinito.

La religione è responsabile dei conflitti attuali?

Durante la sua permanenza a Calicut, un giornalista ebbe un incontro con la Madre. Questa fu la sua prima domanda:

"Amma, la religione e la spiritualità dovrebbero guidare l'umanità sulla retta via e dare pace alla mente. Le persone religiose e spirituali dovrebbero agire come catalizzatori e diffondere l'armonia e i valori etici nella società e tra gli individui, non è così? Sembra invece che loro stesse seminino confusione, conflitti e favoriscano il declino morale. Come lo spieghi?"

La Madre rispose:

"Figlio, non sono la religione o la spiritualità a costituire il problema. Il problema è nella mente umana. I princìpi fondamentali di tutte le religioni insegnano l'amore, la pace e l'armonia. Nessun maestro spirituale ha predicato l'egoismo né ha mai incoraggiato le persone a battersi tra loro.

I conflitti e i problemi attuali, sorti in nome della religione, sono dovuti a un'inadeguata comprensione dei suoi princìpi.

Nell'epoca in cui viviamo, la gente preferisce dare maggiore importanza alla mente anziché al cuore. Ma la mente genera confusione ed è la dimora dell'egoismo, della cattiveria e dei dubbi; l'intelletto invece è la dimora dell'ego. Quando vivi prevalentemente nella mente e nell'ego, i tuoi unici interessi sono il denaro, la fama e il potere. Non ti curi degli altri, ti preoccupi unicamente di te stesso e del tuo benessere; il tuo cuore è incapace di provare sentimenti. L'intelletto ti porta ad affermare: 'Io, e soltanto io', mentre la mente ti assilla con dubbi, sospetti e attaccamenti. Senza la fede, l'amore e la compassione, dentro di te regna l'inferno.

Gli intellettuali interpretano la religione a modo loro, la gente crede a queste interpretazioni distorte e lotta per difenderle. Questo è ciò che accade nella nostra società. In ogni religione ci sono i dotti e persone che credono alle loro parole. Questi studiosi interpretano gli insegnamenti delle Scritture e dei Maestri. Non sapendo che sono solo interpretazioni, la gente accetta facilmente tali definizioni della Verità e finisce per battersi contro devoti di altre fedi. Gli intellettuali diventano dei leader, dei consiglieri molto stimati, e vengono idealizzati e venerati come dèi. In realtà, in tutto questo processo Dio viene completamente dimenticato. La Verità e i princìpi della religione sprofondano nell'oblio e il vero scopo della religione e delle sue pratiche va perso.

Purtroppo quasi tutte le religioni sono guidate da intellettuali. Il cuore, soltanto il cuore può guidare una persona, ma abbiamo dimenticato questa cosa. Solo un Maestro autentico che vive nel cuore è in grado di far comprendere alle persone l'importanza della religione e d'insegnare i suoi princìpi, creando unità.

Chiunque possegga una vera comprensione della religione non biasimerà la religione e i suoi maestri autentici per le atrocità commesse in nome della religione. La colpa è di quegli intellettuali e delle loro interpretazioni e non dei seguaci innocenti. L'intera responsabilità della situazione è da attribuire agli pseudo maestri religiosi, ai sedicenti paladini, perché inducono in errore. In realtà, essi vogliono solo imporre le proprie idee e la loro visione distorta. Pieni di concezioni e interpretazioni personali, vogliono che la gente li ascolti. Il loro ego è assetato di attenzione. Estremamente egoisti e avidi di ricevere onori, questi individui fanno in modo che i devoti innocenti indirizzino le proprie preghiere alla loro persona, al loro ego.

Nella loro innocenza, i fedeli credono alle parole e ai discorsi di questi leader. L'ego è indubbiamente più forte della mente che, di per sé, è piuttosto debole. L'ego è determinato, mentre la mente dubita sempre, vacilla ed è mutevole. In quasi tutte le religioni, gli intellettuali che scrivono le varie esegesi vogliono convincere le persone del loro punto di vista e con il loro ego gigantesco e la loro risolutezza riescono facilmente a soggiogare gente la cui mente è molto più debole. Riescono così ad imporsi su questi credenti innocenti che finiscono per combattere per loro.

Questi studiosi non hanno fede, né amore né compassione. Il loro mantra è: 'soldi, potere e prestigio'. Non biasimiamo quindi la religione, la spiritualità o i veri maestri per i problemi attuali. La religione e la spiritualità non c'entrano nulla, il problema è la mente dell'uomo".

Il giornalista sembrava sconcertato e rimase per un po' in silenzio prima di porre un'altra domanda.

Religione e spiritualità

"Amma, la spiritualità e la religione sono due cose distinte, oppure sono la stessa cosa?"

La Madre rispose:

"'Spiritualità' è il vero nome della religione. La religione è l'esterno e la spiritualità l'interno. La religione può essere paragonata alla buccia e la spiritualità alla polpa, all'essenza del frutto. La spiritualità è il cuore della religione. In realtà è impossibile distinguerle perché sono la stessa cosa. Per andare oltre la buccia ed immergersi nella vera essenza occorrono una comprensione e un discernimento adeguati.

La gente crede erroneamente che la religione e la spiritualità siano due entità separate quando invece sono interdipendenti, come il corpo e l'anima. Se le consideri e le analizzi con la mente e l'intelletto (l'ego) appaiono distinte, ma se vai un po' più in profondità scopri che sono la medesima cosa.

Potremmo paragonare la vera religione e i testi sacri alla superficie dell'oceano e la spiritualità alle perle e ai tesori inestimabili che si celano nei suoi abissi. Il vero tesoro giace nel profondo di noi stessi.

L'esteriorità della religione, i testi religiosi e le Scritture soddisfano l'intelletto, mentre la spiritualità, che ne è l'aspetto interiore, dona la vera felicità e pace perché placa la mente. La ricerca inizia sempre all'esterno, ma inevitabilmente finisce per approdare all'interno. Grazie allo studio dei *Veda*, delle *Upanishad* e di altre Scritture è possibile ottenere una certa soddisfazione intellettuale. L'ego ne è nutrito, ma la mente continua ad essere inquieta e turbolenta. Ciò nonostante, questo studio può farci lentamente volgere da una religione esteriore a una interiore. Quando cessa la ricerca esteriore, cerchiamo all'interno e giungiamo alla spiritualità. L'esterno non ci procurerà mai una felicità perfetta, un giorno o l'altro dovremo attingere alla vera fonte. La gioia dell'intelletto non potrà mai renderci felici. Forse per un attimo penseremo che sia così, ma poco dopo ritorneranno i dubbi, le domande e le argomentazioni.

Immagina di ricevere una noce di cocco acerba, un frutto che ancora non conoscevi. Ti hanno detto che è un alimento molto sano e che la sua acqua è molto dissetante. Guardandola, vedi che è verde e che sembra molto bella e appetibile e così, pensando che sia la polpa, inizi a morderla. Il guscio è però così duro che le gengive cominciano a sanguinare e ti fanno male i denti. Stai per gettare via tutto quando un passante si accorge della tua difficoltà, si avvicina e ti dice: 'No, no, non devi gettarla. La polpa e l'acqua sono all'interno. Aprila e vedrai' e poi si allontana. In qualche modo riesci ad aprirla e ti trovi di fronte a una matassa di fibre legnose marroni e a un guscio duro. Credendo che le fibre siano il frutto, provi a masticarle. Sono più morbide del guscio, ma hanno un gusto strano. Lo strato sottostante è ancora più duro, non ha senso cercare di morderlo. Mentre, disperato, sputi le fibre e pensi di buttare via tutto, si avvicina un altro passante che osservava il tuo armeggiare e apre il cocco per te. Finalmente puoi bere quell'acqua dolce e dissetante, mangi la polpa e ora sei proprio contento. Non hai più fame né sete.

Accade lo stesso con la religione e la spiritualità: il guscio viene scambiato per la polpa. Anche il guscio fa parte comunque del frutto, sono un tutt'uno. L'esterno è rappresentato dalla religione, l'interno dalla spiritualità. Potremmo usare anche un'altra immagine: proprio come il guscio lucido del cocco, anche il corpo umano appare bellissimo. La gente confonde il corpo con l'anima, con l'*Atman*, ed essendo molto attaccata al corpo si concentra solo sull'aspetto fisico. Per conoscere il Sé, la nostra vera essenza, occorre andare oltre il corpo, e a quel punto ci troviamo alle prese con la mente, che è più sottile e complessa. Una comprensione scorretta porta la gente a credere che la mente sia l'*Atman*. Trascendere la mente e i suoi pensieri confusi è ancora più difficile. All'interno della mente c'è un guscio ancora più duro costituito dall'intelletto, dall'ego e dal senso dell'io e del mio. Bisogna andare oltre per giungere al nocciolo, alla vera essenza. Solo un vero Maestro può condurti verso il segreto più profondo della vita. La maggioranza delle persone si ferma al corpo, oppure alla mente o all'intelletto (l'ego). Per giungere alla vera dimora della felicità, all'essenza della vera religione, che è la spiritualità, è necessario attraversare e superare questi tre piani.

Come il guscio del cocco, così l'aspetto esteriore della religione, con i suoi rituali affascinanti, può fortemente attrarci e allettarci. Tuttavia non riceveremo molto beneficio da queste pratiche,

che potrebbero anche deluderci. Sviluppare troppo attaccamento per le forme esterne genererà ulteriore sofferenza e difficoltà.

Purtroppo gli esseri umani non hanno gli occhi che permettono loro di vedere la realtà e sono più attratti dall'irreale che dal reale, preferiscono l'esteriorità all'interiorità. Gli uomini sono molto legati alle proprie idee e non amano confrontarsi con pareri diversi. Vivono seguendo la loro interpretazione personale della religione, assai lontana da quella vera.

Figli, ora Amma vi racconterà una storia interessante che le hanno raccontato.

Un autobus di turisti si guastò in aperta campagna. Gli abitanti del luogo offrirono loro del cibo, ma quei piatti sconosciuti sembravano strani ai turisti, che cominciarono a sospettare che potessero essere avvelenati. Pur essendo affamati, non si decidevano ad assaggiarli. In quel momento videro passare un cane. Gli gettarono dei bocconi che l'animale divorò immediatamente. I turisti cominciarono ad osservarlo per notare se mostrasse qualche disturbo, ma il cane sembrava stare bene. L'indomani vennero a sapere che era morto: questo significava che il cibo era in effetti avariato. Iniziarono a preoccuparsi pensando a quello che avevano mangiato e in breve tempo molti si sentirono male e manifestarono tutti i sintomi di un'intossicazione alimentare. Chiamarono un dottore e gli spiegarono l'accaduto. Il medico decise di cercare il cadavere dell'animale e scoprire la causa del decesso. Un abitante del luogo sapeva cos'era successo e disse: 'Ho gettato io il cane in un fosso perché un'auto l'aveva investito'.

La vera religione è ben oltre la concezione che le persone hanno a riguardo. I cosiddetti eruditi hanno insegnato alla gente una religione creata da loro, conforme alle loro idee, molto distante da una religione autentica e dai suoi princìpi fondamentali, e ingannano le persone inducendole a seguire solo gli aspetti esteriori e mai quelli interiori. Se rivelassero l'unità di fondo delle diverse confessioni perderebbero molto della loro importanza e nessuno gli darebbe più retta. Ecco perché evidenziano solo le differenze superficiali. Se non lo facessero, il loro ego non riceverebbe più nutrimento e questo sarebbe per loro insostenibile. Inoltre, essendo arenati nell'intelletto non sono in grado di assimilare i veri princìpi spirituali. Non riuscendoci, come possono insegnare la spiritualità?

Quando l'umanità comprenderà il significato più profondo della religione abbandonerà i falsi capi religiosi, non cercherà più i loro consigli perché saprà che solo chi ha trasceso l'ego può davvero condurla verso lo scopo ultimo della vita.

L'essenza di tutte le religioni del mondo è la spiritualità. Una dottrina non basata su princìpi spirituali è come un frutto finto, di cera, o come un arto artificiale privo di vita o di vitalità o un frutto vuoto all'interno, senza polpa.

La spiritualità è il sostrato su cui poggiano tutte le vere religioni. Nessuna religione può esistere a lungo se non è fondata su dei princìpi spirituali e morirà presto.

È come il rapporto tra *Brahman*, l'Assoluto, e il mondo fenomenico. Il mondo non può esistere senza *Brahman*, perché *Brahman* è il sostrato che lo sostiene, ma *Brahman* può esistere senza il mondo. Analogamente, la religione non può esistere senza la spiritualità, ma la spiritualità può esistere senza la religione. La stessa cosa accade tra il corpo e l'anima (*Atman*). Per la sua sussistenza, il corpo ha bisogno dell'anima, ma l'anima può esistere anche senza il corpo. La religione e la spiritualità sono essenzialmente un tutt'uno. Se comprese correttamente e viste nella giusta prospettiva, non sono separate".

Capitolo 6

La Madre cessa di manifestare il Krishna Bhava

Il 18 ottobre 1983 Amma annunciò che non avrebbe più dato il *Krishna-bhava*. Questa decisione addolorò molti devoti di Krishna, ma certamente doveva avere delle buone ragioni per farlo. La Madre disse: "Durante il *Krishna-bhava* Amma è completamente distaccata e non prova compassione né mancanza di compassione. Tutto non è che un gioco della coscienza e Amma non è toccata né influenzata da nulla. Nel *Devi-bhava*, invece, la situazione è diversa: in quello stato, lei si manifesta come la Madre piena di premure per i suoi figli e Amma prova solo amore e compassione".

La Madre ha rivelato più volte di essere sia la Madre esterna che quella interna. L'aspetto materno esteriore lo esprime assumendo la forma di un genitore pieno di compassione, di amore e di sollecitudine per i propri figli; l'aspetto materno interiore trascende questi sentimenti, potremmo paragonarlo allo spazio infinito. "Se lo desidera, Amma può rimanere in uno stato trascendente, totalmente distaccata e impassibile, ma se lo facesse non aiuterebbe le persone sofferenti e neppure l'umanità. Ecco perché sceglie di mostrarsi come una Madre compassionevole e amorevole", ha detto Amma.

La notizia della decisione d'interrompere il *Krishna-bhava* si diffuse rapidamente tra i residenti dell'ashram e i devoti, e moltissimi ne furono amareggiati. Pur consapevoli che la natura divina di Amma era sempre presente e non soltanto durante questi sacri *bhava*, la gente amava molto il *Krishna-bhava* e il *Devi-bhava*.

Agli albori dell'ashram, la Madre era molto allegra e birichina durante i *Krishna-bhava* e si comportava come Krishna, con grande gioia dei devoti.

Per un *Mahatma* il mondo è un gioco meraviglioso e non è turbato dalla variegata e contraddittoria natura del creato, rimanendo perfettamente distaccato.

Ma perché ideare tale gioco? Essendo il Signore il sovrano dell'universo intero, ci si potrebbe chiedere quale sia lo scopo del gioco (*lila*) che Lui stesso ha creato.

Un giorno la Madre disse:

"Il gioco del Signore è stato creato solo per puro piacere. Il Divino è il Maestro supremo e la Realtà onnisciente, ma il gioco è possibile solo se mette da parte il Suo potere, se lo dimentica. Nel momento in cui si esercita la propria autorità il gioco cessa e non c'è più nessun divertimento.

Un'altra possibile risposta potrebbe essere che il mondo sembra reale a causa del nostro attaccamento. L'attaccamento lo fa sembrare reale, mentre il distacco lo rende un gioco delizioso. Quando siete distaccati non esiste il senso dell'autorità. Una volta abbandonati gli appigli, capite che tutto non è che un gioco a cui potete partecipare".

Per spiegare meglio questo punto, la Madre vi racconterà questa storia: nel cortile del castello, il piccolo principe stava giocando a nascondino con altri bambini. Con grande impegno cercava gli amici e si stava divertendo un mondo. Non riusciva a trovare nessuno e correva di qua e di là facendo del suo meglio per scoprire dove fossero i suoi compagni. Qualcuno lo fermò e gli disse: 'Perché ti affanni così tanto a cercarli? I tuoi amici accorreranno immediatamente se eserciti la tua autorità regale e gli chiedi di uscire'. Il principino guardò l'adulto con commiserazione, come se avesse di fronte una persona un po' tonta, e rispose: 'Ma allora non ci sarebbe più nessun gioco né divertimento!'

Durante i *Krishna-bhava* Amma è completamente distaccata e per lei tutto è un gioco. In quello stato non esercita nessuna autorità, mentre invece nel *Devi-bhava* esercita la sua autorità e onnipotenza per proteggere i propri figli".

Malgrado questo atteggiamento distaccato, la giocosità che lei mostrava nei *Krishna-bhava* aveva prodotto nelle persone un profondo attaccamento alla sua manifestazione come Krishna.

Uno dei momenti più piacevoli del *Krishna-bhava* era quello in cui Amma dava il *prasad*. La Madre lasciava che i devoti bevessero il *panchamritam*[5] direttamente dal palmo della sua mano, che avvicinava alle loro labbra. A volte, quando un devoto apriva la bocca per ricevere il *prasad*, lei ritirava scherzosamente la mano. Con alcuni, in particolare con i devoti di Krishna, si comportava spesso in questo modo.

A volte, Amma-Krishna legava scherzosamente le mani di un devoto che aveva commesso un errore di cui lei era al corrente, sebbene nessuno gliel'avesse riferito. Forse questa persona aveva litigato con la moglie o disobbedito alle istruzioni di Amma. Molto probabilmente non aveva detto nulla a nessuno, ma quando veniva al darshan Amma lo acciuffava immediatamente.

Un ragazzo aveva smesso di fumare dopo aver incontrato la Madre; un giorno, mentre era con i suoi amici, tutti fumatori, fu tentato di riprendere e questo impulso divenne così forte che fece un tiro di sigaretta. Poi però provò un tale rimorso che non ripetè più il gesto. Quando in seguito andò al darshan del *Krishna-bhava*, la Madre gli sorrise e gli lanciò uno sguardo malizioso. Fece finta di tenere una sigaretta tra il dito medio e l'indice e poi accostò

[5] Budino offerto durante il culto, composto da latte, banane, *ghi*, zucchero di canna, zucchero candito e miele.

la sigaretta immaginaria alle labbra. Imbarazzato, il giovane le promise che non avrebbe mai più fumato.

Un'altra volta Amma imbavagliò con un pezzo di stoffa la bocca di Acchamma, la nonna paterna, perché parlava troppo. In un'altra occasione bendò gli occhi di un devoto e gli ordinò di fare tre volte il giro del tempio perché andava troppo spesso al cinema.

Tra i devoti c'era un delizioso vecchietto che era spesso oggetto delle burla di Amma-Krishna. L'uomo era un ardente devoto di Sri Krishna e aveva una fede incrollabile nella Madre. Amma amava molto fare scherzetti innocenti a questo vecchietto ultrasettantenne, innocente come un bambino, la cui vista era così debole che non vedeva nulla senza occhiali. Quando veniva al darshan, la Madre glieli toglieva sempre e lui scoppiava a ridere, e rideva finché gli venivano restituiti. Dopo esserseli rimessi, si avvicinava di nuovo ad Amma per riceverne la benedizione. E di nuovo la Madre glieli toglieva improvvisamente. A volte questa farsa continuava a lungo e il vecchietto continuava a ridere. A un certo punto lui esclamava: "O Krishna, perché fai così? Come faccio a vedere senza occhiali?" E poi aggiungeva: "Va bene, tienili pure. Levami pure gli occhiali esteriori e annebbia la mia vista quanto vuoi, ma non potrai mai sfuggire agli occhi della mia mente né scappare dal mio cuore. Ti tengo lì rinchiuso per sempre".

A volte, durante il *Krishna-bhava* Amma lo imboccava con del *panchamritam* senza mai fermarsi. Il vecchietto non diceva mai 'basta', e ingoiava tutto. Talvolta lei era talmente rapida che non gli dava nemmeno il tempo di deglutire. Quando vedeva che lui non ce la faceva quasi più, ridacchiava dolcemente. Ma prima o poi questo gioco doveva cessare, e quando finalmente la Madre smetteva di nutrirlo, l'uomo protestava innocentemente: "Perché ti sei fermata? Mi piaceva, ne voglio ancora. Dammelo tutto". Oppure diceva: "O Krishna, sai una cosa? Amo la dolcezza della Tua mano più della dolcezza di qualsiasi *panchamritam*. Per questo non posso dire di no quando mi nutri. Quanto sono dolci le Tue mani, o Signore!"

Quando andava al darshan della Madre cantava l'*Adharam Madhuram (Madhurasthakam)*, un inno di lode a Krishna, in sanscrito.

Dolci sono le Tue labbra,
dolce è il Tuo volto,
dolci sono i Tuoi occhi.
Dolce è il Tuo sorriso,
dolce è il Tuo cuore
e dolci sono i Tuoi passi.
O Signore di Mathura,
tutto il Tuo essere è dolce.

Dolci sono le Tue parole,
dolci sono le Tue storie
e le vesti che indossi.
Ogni Tuo movimento è dolce.
O Signore di Vrindavan,
tutto il Tuo essere è dolce.

Dolce è il Tuo flauto
e dolci sono le Tue mani.
Dolce è la polvere dei Tuoi piedi,
dolci sono le Tue gambe
e dolce è il Tuo modo di danzare.
La Tua amicizia è dolce.
O Signore di Mathura,
tutto il Tuo essere è dolce.

Alla fine di ogni *Krishna-bhava*, quando la Madre danzava in estasi, i *brahmachari* e i devoti cantavano i seguenti *bhajan*: Krishna

Krishna Radhe Krishna, Govinda Gopala VenuKrishna, Mohana Krishna Manamohana Krishna, Murare Krishna Mukunda Krishna, Radhe Govinda Gopi e Shyama Sundara.

Il *bhava* divino della Madre in forma di Krishna era davvero dolce e affascinante. Al termine del darshan, Amma andava verso l'entrata del tempio e vi rimaneva a lungo, sorridendo ai devoti. Mentre era in piedi, i *brahmachari* cantavano con molto fervore dei *bhajan* a un ritmo rapido. La Madre usciva poi dal tempio, sollevava le braccia in alto e iniziava a danzare mentre formava con le dita dei *mudra* divini.

Questa sua meravigliosa danza estatica, eseguita sempre dolcemente, come una meditazione, suscitava molto amore e devozione nel cuore dei presenti e li trasportava a Vrindavan, dove il Signore Krishna soleva giocare con le *gopi* e i *gopa*. La Madre ricreava la stessa atmosfera e le stesse vibrazioni in questo piccolo villaggio di pescatori per la gioia dei devoti.

Il *Krishna-bhava* era il primo *bhava* divino della Madre, molto caro ai fedeli, che avevano tantissimi ricordi legati a questa cerimonia e trovavano difficile accettare che sarebbe finito. Il dolore che provavano traspariva dai loro occhi e dai loro gesti.

In ogni angolo dell'ashram si poteva udire qualcuno che raccontava le sue esperienze durante i *Krishna-bhava*. Il vecchietto di cui abbiamo parlato poc'anzi aveva moltissime storie stupende e ricordava spesso il primo *Krishna-bhava* e quando la Madre dava questo darshan sulla spiaggia. Parlava anche delle tremende difficoltà che avevano dovuto affrontare agli inizi.

I devoti erano così turbati che, nei giorni di *bhava-darshan,* piangevano a dirotto prima sulla spalla di Krishna durante il *Krishna-bhava*[6], e poi in grembo alla Devi. La implorarono, la pregarono così tanto di non sospendere il *Krishna-bhava* che

---

[6] Durante i *Krishna-bhava*, la Madre rimaneva in piedi con un piede poggiato su un *pitham* (seggio sacro).

Amma accettò di apparire come Krishna una volta al mese. La sua compassione verso i devoti era tale che non poté facilmente ignorare le loro suppliche. In seguito smise definitivamente di manifestare il *Krishna-bhava*, ma solo quando essi ebbero acquisito abbastanza maturità spirituale per capire che Amma è sempre la stessa, sia nel *Krishna-bhava* che nel *Devi-bhava*. A poco a poco la dimensione più vasta della natura infinita della Madre veniva loro svelata.

Un devoto molto legato al *Krishna-bhava* raccontò a Balu questa sua esperienza: "Sa, ogni sera poso un bicchiere di latte tiepido di fronte a una fotografia della Madre in *Krishna-bhava*. Un giorno, mia moglie e io avevamo così fretta di andare al darshan che non avemmo tempo di lasciar raffreddare il latte dopo averlo bollito. L'autobus per Vallickavu stava partendo e così deposi il latte bollente davanti alla sua foto nella stanza di preghiera della famiglia e corremmo alla stazione degli autobus. Quando arrivammo all'ashram, il *Krishna-bhava* era già iniziato e la Madre stava manifestando lo stato divino di Krishna. Come un bimbo birichino, Krishna ci guardò sorridendo ed esclamò: 'Guardate! Mi sono bruciata le labbra bevendo del latte bollente!' E, mi creda, c'era davvero una scottatura ben visibile sulle labbra della Madre!" Evocando questo episodio, il devoto si mise a piangere mentre le lacrime gli rigavano il viso. Era talmente commosso che la voce cominciò a tremargli e non riuscì più a parlare.

Nell'ashram si era ricreata una situazione simile a quando Krishna stava per lasciare Vrindavan. Ma, come dice la Madre, "a volte 'lei' è Krishna, altre volte è Devi. Ma Krishna e Devi sono entrambi qui, in questa ragazza folle". Questa costatazione racchiude un profondo insegnamento. Poiché la Madre, che in realtà è sia Krishna che Devi, vive tra noi, è qui con noi, di cosa dovremmo preoccuparci? I diversi aspetti o forme di Amma non sono entità separate, ma tutte manifestazioni della stessa Realtà universale. E questa Realtà suprema che è la Madre, da cui originano tutte le forme, è qui per proteggerci e guidarci. Non abbiamo quindi alcun motivo di preoccuparci.

La disperazione e il sentimento di perdita dei devoti non durarono a lungo perché il loro legame con la Madre era molto più forte di qualsiasi altra cosa.

Inoltre la Madre stessa rivelava ripetutamente a tutti la sua unità con i diversi aspetti del Divino e la sua capacità di manifestare la forma che voleva e quando voleva. Vi porto un esempio: erano trascorsi alcuni mesi da quando aveva iniziato a dare il *Krishna-bhava* una volta al mese. Un giorno, la Madre, Nealu, Balu, Venu e Gayatri erano seduti nella capanna di Nealu. La Madre e Nealu stavano conversando quando lui disse improvvisamente: "Amma, tu sei tutto per me: sei Krishna, Devi e tutte le altre forme del Divino. So che tu sei Krishna e anche Radha e Devi. In verità, tu sei l'incarnazione di *Brahman*; eppure a volte provo ancora l'intenso desiderio di vederti in *Krishna-bhava*".

La Madre lo guardò con un sorriso birichino ed esclamò: "Nealu *mon* ('Nealu, figlio mio'), vuoi davvero vedere la Madre in *Krishna-bhava*?".

"Sì, moltissimo", rispose il giovane. Senza dire una parola, la Madre prese lo scialle di cotone di Nealu e se lo legò attorno alla testa. Poi si volse verso di lui disse: "Guarda!" Allibiti, i presenti videro la Madre che appariva come quando era in *Krishna-bhava*. Il modo in cui le mani formavano dei *mudra* e le espressioni del suo volto, gli occhi splendenti e il suo sorriso[7] ricordavano tutti il *Krishna-bhava*. Spontaneamente, i *brahmachari* e Gayatri si prostrarono davanti a lei, ma questa manifestazione divina durò solo pochi secondi e poi lei riprese a conversare con Nealu.

---

[7] Durante i *Krishna-bhava*, la Madre aveva un sorriso particolare, davvero incantevole. Le sue labbra erano piegate all'ingiù.

Un'altra volta, *brahmachari* Pai manifestò il desiderio di avere una foto della Madre in una posa a lui particolarmente cara. Possedeva già molte fotografie di Amma in forma di Devi e di Krishna e naturalmente gli piacevano tutte quante, ma quella in particolare era l'immagine sulla quale meditava e che nessuno aveva ancora ripreso. Desiderava ardentemente avere una foto di Amma mentre sedeva sul *pitham* del *Devi bhava* con indosso però le sue consuete vesti bianche e con i capelli raccolti sulla testa, senza la corona. Gli sarebbe anche piaciuto che lei assumesse l'*abhaya-mudra*, un gesto di protezione e benedizione[8].

Ma come avrebbe potuto chiedere alla Madre di assumere una determinata posa per poter scattare una foto? Pai non aveva parlato con nessuno di questo suo desiderio.

Un giorno non riuscì a sopportare più a lungo questa situazione, si sentiva molto triste e aveva pianto tantissimo. Improvvisamente vide Amma andare verso di lui e con un sorriso gli disse: "Figlio, Amma sa cosa desideri. Non preoccuparti, Amma te lo concederà". Chiese a Pai di seguirla ed entrò nel tempio, si sedette sul *pitham* del *Devi-bhava*, esattamente nella posizione visualizzata dall'uomo. Tuttavia, appena si sedette si trasformò e assunse le sembianze della Devi, manifestando tutti i segni divini che mostrava durante il *Devi-bhava*. Srikumar scattò una foto e il sogno di Pai finalmente si realizzò.

Ciò che è importante sottolineare in questa storia è la facoltà della Madre di manifestare Krishna e Devi, o qualunque altra forma divina, quando lo desidera. Non si tratta di una capacità legata a un'ora o a un luogo particolare. Il momento e il luogo in cui lei sceglie di manifestare quel *bhava* sono l'istante e il posto corretti.

---

[8] Nell'*abhaya mudra* i palmi delle mani sono aperti e rivolti verso l'esterno. Le dita sono unite; la mano destra è all'altezza della spalla ed è rivolta verso l'alto, quella sinistra è rivolta verso il basso ed è all'altezza dell'anca.

Nei primi tempi dell'ashram, i pochi *brahmachari* che vi risiedevano recitavano lo *Sri Lalita Sahasranama*, i Mille Nomi della Devi, mentre Amma sedeva su un seggio apposito. Alcune volte però preferiva sedersi sul seggio del *Devi-bhava*. Diverse volte la Madre soddisfaceva i desideri dei *brahmachari* indossando il sari e la corona del *Devi-bhava* durante questa straordinaria recita dei Mille Nomi. I *brahmachari* sedevano in semicerchio di fronte ad Amma e recitavano l'*archana* che durava circa un'ora e mezzo o due, mentre lei rimaneva in profondo *samadhi* per tutto il tempo. Aveva proprio l'aspetto di quando era in *Devi-bhava*. A volte restava in *samadhi* anche dopo la fine della recitazione e del rito.

Numerose volte la Madre manifestò chiaramente la sua unità con il Divino, oppure ne parlò apertamente. Grazie a questi episodi e ad altre significative esperienze, i *brahmachari* e i devoti acquisirono una comprensione più profonda della vera natura della Madre, che favorì la loro maturità spirituale.

La notte dell'ultimo *Krishna-bhava* fu indimenticabile. I devoti scoppiavano a piangere sulla spalla di Krishna, uno dopo l'altro. Si cantavano esclusivamente *bhajan* dedicati a Krishna e quando li ebbero cantati tutti, i *brahmachari* scelsero dei canti struggenti dedicati alla Devi e li trasformarono in *bhajan* per Krishna. Venu pianse per tutto il *Krishna-bhava*. Incapace di cantare, si alzò ed entrò nel tempio. La Madre lo invitò a sedere al suo fianco.

Ecco uno dei *bhajan* cantati quella notte che potrà darà al lettore l'idea dell'angoscia del loro cuore. S'intitola *Povukayayo Kanna*.

O Kanna, è vero che te ne vai?
Sono stato abbandonato
da tutti in questo mondo,
anche Tu mi lascerai?

O Kanna,
voglio custodirTi
come un gioiello blu
nel santuario del mio cuore
dove adorarTi ogni giorno.

O Kanna,
lasciami raccogliere le perle d'Amore
dalle profondità dell'oceano blu
che è la Tua forma.

E quando verrai a me
come un uccello ebbro di beatitudine,
il triste uccello della mia vita
anelerà a fondersi in Te, o Kanna.

Quella notte segnò l'ultimo *Krishna-bhava* ufficiale. Ma, com'è già stato detto, per amore verso i suoi devoti la Madre continuò ad apparire una volta al mese in questo *bhava*. L'ultimo K*rishna-bhava* fu nel novembre del 1985.

A conclusione di questo capitolo, vorrei citare alcune parole di Amma:

"In accordo con la loro fede, i devoti la chiamano Krishna, Devi, Shiva, Madre o Guru, ma Amma non è nulla di tutto questo e al tempo stesso è tutto. Ed è anche al di là. L'universo intero esiste in lei come una bollicina".

Capitolo 7

Un devoto che abitava a quattro chilometri dall'ashram aveva invitato la Madre a casa sua e lei aveva promesso che ci sarebbe andata.

Quella sera Amma uscì dunque dall'ashram verso le dieci, dopo i *bhajan*, accompagnata da alcuni *brahmachari* (Balu, Srikumar, Pai, Venu e Rao), da Damayanti Amma, Harshan, Satish e da due vicine, e cominciò a camminare lungo l'oceano. Era una splendida notte di luna piena. Il Mar Arabico brillava al chiarore della luna e le sue onde vibravano con la sacra sillaba Aum. A volte le nuvole nascondevano momentaneamente la luna, immergendo il mondo nell'oscurità, ma ben presto il suo volto argenteo riappariva e illuminava la faccia della Terra.

Il gruppo camminava lentamente verso sud, con l'oceano sulla destra. All'inizio nessuno parlava. Dopo aver percorso circa cinquecento metri, Amma si diresse improvvisamente verso la battigia, dove le onde s'infrangevano sulla spiaggia. Rimase immobile a guardare l'orizzonte a occidente mentre le onde, una dopo l'altra, lambivano i suoi sacri piedi, come se volessero bagnarli quanto più possibile prima che lei riprendesse il cammino.

Vasto e profondo come l'oceano

Mentre contemplava il mare, queste parole salirono alle sue labbra: "L'oceano è vasto e infinito, ma è anche profondo. Possiamo vedere e percepire la sua distesa sconfinata fino a un certo punto, ma la sua profondità rimane invisibile e inaccessibile alla nostra normale visione. Per sondarlo occorre immergersi, e per tuffarsi così in profondità bisogna avere un atteggiamento di abbandono, coraggio e una mente avventurosa".

Amma tacque e tutti ripresero a camminare verso sud. Un *brahmachari* le chiese: "Amma, cosa intendevi dire quando parlavi in riva al mare?"

La Madre rispose:

"Figli, è possibile percepire l'amore, la compassione, l'abnegazione e altre qualità divine di un *Mahatma*. In sua presenza, esse si manifestano apertamente come l'immensa distesa del mare. Ciò nonostante, quello che vedete non è che un frammento, una minuscola parte, un piccolo dettaglio, un'inezia rispetto alla loro estensione. Si può scorgere ben poco contemplando l'oceano dalla riva. Persino allora, basta una rapida occhiata per capire che è incommensurabile, ampio e profondo. Interiormente è profondo, esteriormente è vasto. Possiamo paragonare l'amore e la compassione che avvertiamo in un *Mahatma* alla vastità dell'oceano; il suo amore e la sua compassione sono un'indicazione della sua natura. Non riuscendo ad essere aperti come lo sono i bambini, sappiamo accogliere solo una briciola dei suoi infiniti doni e siamo consci solo in minima parte delle sue qualità divine. In un *Mahatma* vi è la profondità abissale dell'oceano, invisibile ai nostri occhi. Per conoscerla, bisogna immergersi e andare al di là".

Inchinatevi e scoprirete la profondità

"L'aspetto (di un *Mahatma*)", proseguì la Madre, "è senza dubbio incantevole, stupendo, ed è relativamente facile rapportarsi con lui esteriormente, mentre il contatto interiore è più difficile. Potremmo paragonarli alla differenza che esiste tra nuotare e immergersi. Nuotare in superficie è un'esperienza piacevole e gioiosa, ma immergersi è qualcosa di completamente diverso, è un'avventura. Quando vi immergete, entrate in un mondo completamente diverso, state per esplorare i misteriosi mondi sommersi e una tale azione richiede uno sforzo maggiore del semplice nuotare in superficie. Per immergersi occorre trattenere il respiro e piegarsi all'onda che sta arrivando. Quindi, il nuotatore si arrende all'oceano. Se vi abbandonate, esso vi svela i suoi tesori nascosti. Prima di allora non conoscevate che la bellezza della superficie, senza sospettare che esistevano regni ancora più belli. Più vi addentrate, più aumenta la sete di scoperta. Questo vostro desiderio diventa insaziabile e vi immergete sempre più sino a raggiungere il fondale.

L'amore e la compassione che un *Mahatma* manifesta sono bellissimi, straordinari. Non c'è nulla di simile sulla faccia della Terra, ma la bellezza del suo Sé interiore supera ogni descrizione. Per conoscere questa bellezza nascosta che giace nelle profondità del suo essere occorre andare al di là del corpo fisico del *Mahatma* e delle sue espressioni di amore e di compassione. Per conoscere l'ineffabile, bisogna abbandonare ogni forma manifesta. Se vogliamo andare oltre ciò che è visibile, oltre l'aspetto di un *Mahatma*, dobbiamo prostrarci a lui e abbandonarci in totale umiltà. Questo equivale a immergersi nell'oceano. Quando l'abbandono è completo, il *Mahatma* ci mostra la sua natura più profonda.

L'amore di un *Mahatma* è al di là delle parole. L'amore che vedete e avvertite è certamente profondo e forte, ma tale profondità e forza non sono che un frammento della sua essenza. E questa natura è infinita. Potete continuare a parlare o scrivere senza sosta di qualcosa che è infinito, ma non riuscirete mai a darne una spiegazione soddisfacente perché esso non ha limiti, essendo più vasto dell'universo.

Incarnando l'amore e la compassione, un *Mahatma* è paziente come la Terra, ma la sua ira ha la stessa profondità dell'amore, della compassione e della pazienza che esprime".

La Madre tacque. Erano quasi le undici di sera. Alcuni pescatori stavano ancora camminando sulla spiaggia, altri erano coricati qui e là sulla sabbia, addormentati. Seduto su una panca, un gruppetto stava chiacchierando, illuminato dal chiarore della luna. Quando le nuvole lo oscuravano, erano visibili solo i puntini rossi dei loro *bidi* accesi.[9]

Alcuni pescatori si avvicinarono per vedere meglio il gruppetto che camminava sulla spiaggia a quell'ora così tarda. Riconoscendo dei visi familiari, si allontanarono senza parlare.

Fra di loro c'era un devoto della Madre e, quando la vide assieme ai *brahmachari*, esclamò tutto emozionato: "*Ammachi*, sei tu? Dove stai andando a quest'ora di notte?" Poi chiamò la moglie e le figlie: "Venite, venite a vedere chi c'è!".

Accorsero tutte in un baleno. Quando videro la Madre e quelli che l'accompagnavano erano al colmo della gioia e invitarono tutti nella loro capanna. Molto cortesemente e con grande dolcezza Amma rifiutò l'invito e disse: "Figli, Amma è già in ritardo. Abbiamo camminato troppo lentamente perché discorrevamo di argomenti spirituali e ci siamo anche fermati un po' sulla spiaggia. Amma è molto dispiaciuta di non poter accettare, verrà da voi un'altra volta". L'uomo rimproverò dolcemente la moglie per aver invitato la Madre in modo così poco formale. "Ti sembra questa la maniera d'invitare *Ammachi* a casa nostra?" disse. "Anche se lei ha dei modi molto semplici, dovremmo invitarla seguendo le norme tradizionali e non come se invitassimo un amico o un vicino di casa".

Imbarazzata, la donna si giustificò dicendo: "Non sono mai andata a scuola, non so né leggere né scrivere e non conosco tali norme. *Ammachi* lo sa, e mi perdonerà se ho commesso uno sbaglio".

---

[9] Sigaretta indiana formata da una foglia contenente scaglie di tabacco; viene usata principalmente dai poveri essendo a basso costo.

La Madre si rivolse al marito e gli disse: "Figlio, non preoccuparti. Il vero amore non ha bisogno di *achara* (etichetta, regole del galateo). L'invito di tua moglie era sincero e l'amore supera ogni *achara*".

Poi abbracciò la donna e le disse: "Figlia mia, non preoccuparti. Stai serena. Amma verrà da voi quando avrà tempo, ma adesso non può".

La Madre non mancò di esprimere il suo amore anche alle bambine. Mentre si stava allontanando, l'uomo gridò: "*Ammachi*, posso venire con te?".

"Naturalmente figlio mio", rispose lei. Senza neppure cambiarsi e indossare un *dhoti* pulito, l'uomo si unì a loro.

Amma riprese il cammino assieme al gruppetto, accompagnata dal fragore dell'oceano e dalla fresca brezza che soffiava da ponente. Camminando, la Madre contemplava la vasta distesa del mare, che al chiarore della luna mandava bagliori azzurri e bruni.

Come il Pralayagni (il fuoco della dissoluzione)

Mentre camminavano, qualcuno disse:

"Amma, hai detto che l'ira di un *Mahatma* è profonda quanto la sua pazienza, il suo amore e la sua compassione. Cosa intendevi dire?"

La Madre fissò per un po' l'oceano prima di rispondere.

"Figli, potremmo paragonare l'ira di un *Mahatma* al *pralayagni*, al fuoco della dissoluzione, implacabile come la dissoluzione finale. Un *Mahatma* è uno con l'infinito e quindi la sua collera è immensa. Non puoi neppure immaginare tale forza, capace di distruggere il mondo. È come sganciare simultaneamente migliaia di bombe atomiche: le fiamme sprigionate potrebbero incenerire l'intero universo.

Quando la Madre dell'universo – l'incarnazione dell'amore e della compassione, Colei che ama e protegge tutta la creazione

– s'infuriò, diventò Kali, e la sua ira fu inesorabile come il *pralayagni*, il fuoco della dissoluzione. Senza l'intervento degli esseri celesti, il cosmo sarebbe stato ridotto a un mucchietto di ceneri.

Quando la Madre universale va in collera produce una luce abbagliante, pari allo splendore d'innumerevoli soli. Chi può sopportarne la vista? Solo chi è senza ego e si è arreso completamente. L'infinito potere contenuto nella collera di Kali può essere sostenuto solo da chi ha trasceso la coscienza corporea. In altri termini, soltanto la coscienza nel suo aspetto puro e inamovibile può reggerla. Si potrebbe dire che l'ira della Madre universale è come una violenta tempesta della coscienza che può essere controbilanciata solo da una forza immobile. Tutto questo viene rappresentato dall'immagine di Shiva, steso a terra mentre la furiosa Kali danza su di Lui.

La collera di Kali è puro *rajas* alla sua massima intensità, è l'esplosione dell'energia cosmica in tutta la sua forza e gloria. È simile allo scoppio di centomila bombe atomiche, ma anche tale similitudine non rende sufficientemente bene l'idea. Solo la pura forza energia *sattvica* (Shiva) può controbilanciare tale energia.

Ricordate l'indignazione di Rama nel vedere che l'oceano rimaneva sordo alle Sue preghiere? Per compiacere l'oceano e poter così costruire un ponte che lo portasse fino a Lanka, Sri Rama si sedette sulla riva e intraprese assidue e severe pratiche ascetiche per tre giorni: desiderava attraversare il mare per raggiungere l'isola di Lanka in cui risiedeva Ravana, che aveva rapito la sua divina sposa Sita. Intendeva liberarla con l'aiuto di un esercito di scimmie guidato da Hanuman e Sugriva, ma l'oceano si oppose a questo desiderio e continuò a sollevare onde gigantesche e a rimanere in burrasca.

Sri Rama era l'incarnazione dell'Essere Supremo, il Signore dell'intera creazione, e non aveva bisogno di mostrare umiltà di fronte a nessuna creatura, nemmeno davanti all'oceano. Lo fece perché voleva dare l'esempio. La grande epopea del *Ramayana* racconta che tale umiltà gonfiò d'orgoglio l'oceano, provocando così la collera di Rama, o meglio, Rama ordinò alla collera di manifestarsi. Tese il suo arco e incoccò una freccia. Mostrando la Sua forma terrificante, il Signore esclamò: 'Ho cercato di mostrarmi umile e paziente per obbedire alle leggi della natura, ma questo comportamento non va considerato una debolezza. Con quest'unica freccia posso prosciugare le tue acque e distruggere le creature che ci vivono. Devo scoccarla o ti arrendi?' L'oceano si arrese e le onde si placarono.

Sri Rama è l'incarnazione della pazienza e del perdono. Aveva persino perdonato Kaikeyi, la matrigna che l'aveva fatto mandare in esilio, ma quando si adirò, la Sua ira era profonda quanto la sua pazienza. Il *Ramayana* narra che Rama, con l'arco teso e pronto a scoccare la freccia, assomigliava al dio della morte, al fuoco della dissoluzione finale".

Il culmine dell'esistenza umana

La Madre continuò: "La realizzazione del Sé è il culmine dell'esistenza umana, la fase finale di una concentrazione assoluta. La profondità e l'energia di tale concentrazione sono così intense che è impossibile descriverle. Un essere realizzato utilizza questo potere di concentrazione per penetrare nel mistero più profondo dell'universo, l'arcano *Brahman*. Stabilito nello stato di concentrazione suprema e avendo realizzato il Sé, è in grado di fissare la mente su un unico punto e in tal modo può dirigere la sua energia dove e quando vuole. Un vero Maestro non userà mai il suo potere per distruggere, ma lo impiegherà sempre per il bene del mondo e della società. Ricordate però che può anche scegliere di usarlo per dare una lezione al genere umano. Un Maestro realizzato è uno con l'energia cosmica, e questa energia è infinita: può rilasciarla o conservarla, può farne ciò che vuole. Può scegliere se emettere energia positiva o negativa, e anche se sembra che la stia usando negativamente, lo fa sempre a beneficio del mondo o per impartire una lezione a qualcuno.

Che sia positiva o negativa, l'energia liberata produrrà l'effetto desiderato. Il potere che essa racchiude è infinito e al di là delle parole. Come il suo amore e la sua compassione sono indescrivibili, così lo è anche la collera di un *Mahatma*. È impossibile misurare la profondità di un tale essere".

Queste parole di Amma mi ricordano il *bhajan* scritto da un devoto che parla degli infiniti stati della Madre. Il canto s'intitola *Ananta Srishti Vahini*.

Gloria a Te,
o Grande e Divina Dea,
sostegno di tutto il creato,
le Tue manifestazioni sono infinite
e la Tua danza suprema
è eterna.

Gloria a Te,
o Luce eterna,
Madre di beatitudine immortale
che ripetutamente rompi il silenzio
del cuore della notte.
Mi prostro a Te,
o Bhadrakali,
aspetto terrificante della Devi,
fonte di ogni buon auspicio,
che permei la coscienza
e sei piena di compassione.
Tu dissolvi l'individualità.

Mi prostro a Te,
la cui forma è rappresentata dal triangolo[10]*.*
Hai tre occhi,
impugni il tridente
e indossi una ghirlanda di teschi.
O Bhairavi,
Tu accordi la buona sorte
e vivi nei campi crematori.

Mi prostro a Te,
o Chandika
dall'aspetto
feroce e splendente,
d'immensa forza,
che con i colpi della Tua spada
produci il suono: "Jhana, jhana".

Mi prostro a Te,
o fulgida dea Chandika.
Sei Shankari
e il Tuo potere è sconfinato.
Accordi la realizzazione di tutti gli yoga
e l'immortalità.

La Madre e il gruppo giunsero alla casa del devoto alle undici e un quarto. Tutti la stavano aspettando impazientemente ed esultarono di gioia quando la videro. Sia il marito che la moglie accolsero Amma compiendo la tradizionale abluzione dei suoi sacri piedi (*pada-puja*) ed eseguendo l'*arati*, l'offerta rituale della fiamma. Infine si prostrarono ai suoi piedi. Nel suo modo consueto, la Madre espresse amore e affetto a ciascun membro della famiglia. Tutti erano pieni di gioia. Il figlio minore, che non aveva ancora

[10] 2 Si riferisce ai triangoli che s'intersecano e compongono lo Sri Yantra.

quattro anni, danzava contento esclamando: 'Amma è venuta, Amma è venuta a casa nostra!' La Madre lo chiamò e lo coprì di baci. Quei baci lo resero ancora più felice.

La *puja* iniziò verso mezzanotte e finì alle due del mattino. Al termine la Madre uscì e andò a sedersi nel cortile dietro la casa, di fronte all'oceano. Il profondo silenzio della notte era rotto soltanto dal rumore del mare che cantava il suo inno eterno. Avvolta nel suo candido sari, Amma sedeva dondolandosi dolcemente avanti e indietro al chiaro di luna.

Anche la famiglia e il gruppo degli ashramiti uscirono, tenendosi a una certa distanza, da cui potevano però vederla. Nessuno desiderava avvicinarsi troppo perché sapeva che Amma si era ritirata nel suo mondo.

La Madre compassionevole

Alle due e mezzo del mattino il gruppetto riprese la via del ritorno. Per quasi tutto il tempo ci fu silenzio, interrotto soltanto dal canto di *bhajan* di Amma.

Quando arrivarono alla casa del devoto che li aveva accompagnati, l'uomo si avvicinò alla Madre per congedarsi. Con sua grande sorpresa, lei si volse verso la sua capanna ed esclamò: "Amma viene con te". Per lo stupore, egli restò per qualche secondo pietrificato e poi, al colmo della gioia, esclamò quasi urlando: "Come? Vieni a casa mia?" Si precipitò verso la sua capanna e bussò alla porta chiamando la moglie e le figlie. Era talmente emozionato che non sapeva più cosa fare: correva avanti e indietro davanti alla casa chiamando a gran voce la famiglia. Dopo alcuni istanti la moglie e le figlie erano in piedi, sconcertate dal baccano che stava facendo a quell'ora insolita della notte. La moglie lo assalì con una raffica di domande: "Cos'è successo? Perché urli così? Non eri con *Ammachi*?" Un vicino, svegliato dal trambusto, gridò: "Cosa succede, amici? Vi serve aiuto?"

In quell'istante Amma arrivò nel cortile di casa. La moglie rimase a bocca aperta quando la vide davanti a lei, sorridente. Anche le bambine erano stupefatte. Sul momento la donna non riuscì a parlare e poi si sciolse in lacrime sulla spalla della Madre. Il marito era già interamente prostrato ai piedi di Amma e piangeva come un bambino. La Madre lo fece rialzare e gli fece appoggiare la testa sull'altra spalla. Tra le lacrime, la moglie riuscì a dire: "Sto sognando, *Ammachi*? O Dio, che *lila* (gioco) è questo! Avresti dovuto dirmi che saresti passata da noi al ritorno, avrei preparato ogni cosa e Ti avrei aspettata. Adesso non ho niente in casa e non ho neppure acceso la lampada ad olio! O Amma, perché stai giocando questo *lila* con noi?".

La donna piangeva disperata. La Madre cercava di consolarla dicendo: "Figlia, Amma non è un ospite, Amma è tua Madre. Non servono preparativi elaborati per riceverla, il tuo amore per lei è sufficiente, non preoccuparti. Qualunque cosa dai ad Amma è ambrosia per lei, non piangere!" Ma questa donna innocente non riusciva a controllare le lacrime. Amma finì per prendere l'iniziativa ed entrò in casa, circondandola con le sue braccia.

La capanna era composta da due stanzette e da una minuscola cucina. La Madre si diresse immediatamente in cucina, seguita dalla donna, dal marito e dalle tre figlie, mentre gli altri aspettavano fuori. Amma si mise a rovistare dappertutto, guardò nelle pentole e nei vasi da cucina, che però erano vuoti. Nel frattempo la donna continuava a ripetere: "Che vergogna! Non c'è nulla da mangiare!" La Madre vide infine in un angolo una radice di tapioca. "Ah! Questa è più che sufficiente!" esclamò raccogliendola, e mentre la mordicchiava uscì dalla cucina.

Il caso vuole che Harshan avesse con sé un sacco pieno di *snack* fritti ricevuti nella casa precedente. La Madre ne prese alcuni e con le sue stesse mani nutrì i membri della famiglia. La loro gioia e gratitudine non conoscevano limiti. Con le lacrime agli occhi la donna intonò i primi versi del *bhajan Ammayalle entammayalle* e dopo qualche istante tutti i familiari si unirono a lei.

Non sei tu mia Madre?
Non sei tu la mia Madre diletta
che asciuga le mie lacrime?

O Madre dei quattordici mondi,
la Creatrice dell'universo,
è da tanto tempo che T'invoco.
O Shakti,
non verrai?
Ami soddisfare i nostri desideri,
in Te è racchiuso il potere
di creare, preservare e distruggere (l'universo).
È da tanto tempo che T'invoco,
o Shakti,
non verrai?

Tu sei mio Padre e mia Madre,
i cinque elementi
e la Terra intera.
È da tanto tempo che T'invoco,
o Shakti,
non verrai?

I Veda, le Scritture,
la vera Conoscenza e il Vedanta,
l'inizio, il mezzo e la fine,
esistono tutti in Te.
È da tanto tempo che T'invoco,
o Shakti,
non verrai?

La Madre si fermò ancora qualche minuto con questa famiglia prima di riprendere il cammino verso l'ashram.

Capitolo 8

Come vincere la noia

Un devoto in visita all'ashram, noto per la sua tendenza a fare domande, chiese: "Amma, in genere le persone che seguono una routine e svolgono tutti i giorni lo stesso lavoro finiscono per annoiarsi, ed è per questo che molti vorrebbero cambiare vita, trovare un altro impiego, acquistare cose nuove, e così via. Amma, Tu invece fai ogni giorno la stessa cosa: ricevi i visitatori e dai il darshan. Non ti annoia questa routine sempre uguale?"

"Figlio", rispose la Madre, "solo gli esseri umani si annoiano, non Dio. Dio non è mai annoiato. Un *Mahatma* è Dio in forma umana, costantemente radicato in *Brahman*, nell'Assoluto. Vede ogni cosa con un senso di meraviglia e di freschezza e compie le sue azioni nello stesso modo. Essendo la Coscienza immanente che risplende in tutto e attraverso tutto, non conosce la noia.

La noia e l'aridità provengono dal senso di dualità, dal senso dell'io e del mio, dal credere di essere un'entità separata. Se tu sei tutto, come puoi annoiarti? L'unità con l'intero universo pone fine a questi sentimenti. Quando sei appagato nel tuo Sé, la noia scompare automaticamente.

Un *Mahatma* è come un lago d'acqua pura e cristallina, il cui fondale è costituito di solide rocce da cui sgorga una sorgente eterna. Pur essendo calmo e immobile, dal terreno sottostante scaturisce costantemente acqua pulita e limpida. Da questa fonte inesauribile zampillerà sempre tantissima acqua che permetterà a chiunque di placare la propria sete.

Un *Mahatma* sa di essere l'*Atman* immutabile e indistruttibile, il *Brahman*, il sostrato dell'intero universo, e questa consapevolezza gli dona fermezza interiore ed equanimità. Da lui fluiscono costantemente amore e compassione.

Se la tua esistenza è radicata nel puro amore, come puoi annoiarti? Solo quando non si ama ci si annoia. Nell'amore vero non esiste il senso della separazione. L'amore non fa che scorrere. Chiunque desideri tuffarsi e immergersi in esso sarà accettato così com'è, senza condizioni nè requisiti. Cosa può fare l'amore se non siete disposti a tuffarvi? Continuerà a scorrere senza dire mai no, ma continuamente sì, sì, sì.

Dì sì alla vita

Accogliere significa dire sì a tutto. Anche quando tutto va storto nella tua vita, dici: 'Sì, lo accetto'. Il fiume accoglie tutto. Tutta la natura, tranne gli esseri umani, dice sì. Un essere umano può accettare o rifiutare: a volte dice sì, ma la maggior parte del tempo dice no. Non considera la vita un dono ma un diritto e pensa anche che la felicità gli sia dovuta. Quando la vita e tutto ciò che ti presenta è per te un dono prezioso, accetti ogni cosa. Tuttavia, se insisti nel ritenerla un diritto, ti sarà impossibile dire sì e dirai solo no. Questo è il tuo errore. Se dici sempre no alla vita e rifiuti le esperienze che ti offre, sarai sempre triste e annoiato. Se però impari ad accettare e a vedere come un dono la vita e ogni situazione che ti propone, non sarai mai assalito dalla noia.

Quando trabocchi d'amore e di compassione non puoi rifiutare ma solo accettare. Amma dice sempre sì, non dice mai no, ed è per questo che non si annoia mai. Dire 'sì' significa accettare. Quando c'è accettazione, non c'è noia.

La parola 'no' esiste solo nella dualità. Quando dici no alla vita ti senti infelice e inappagato. Ti lamenti per delle sciocchezze, non sei contento di te stesso, ti senti sempre inutile e insoddisfatto. Perché? Perché continui ad avere un desiderio dopo l'altro. Vorresti essere ricco, famoso, possedere una casa nuova, una macchina nuova... la lista è infinita. Così sei scontento, annoiato, e la vita diventa arida. Ti lamenti in continuazione e nulla riesce a soddisfarti. Perché? Perché insisti nel dire no. La tua non accettazione ti impedisce di accogliere quello che la vita ti offre.

Gli uomini rincorrono continuamente le cose di questo mondo ed è per questo che, nonostante la loro cultura ed istruzione, si sentono comunque infelici e inadeguati. Anche le persone più ricche sono scontente, si annoiano facilmente e sono assalite da innumerevoli desideri perché si sentono insoddisfatte e incomplete.

La vita è un dono prezioso. Purtroppo non esercitiamo il discernimento per comprendere qual è la scelta giusta; scegliamo quella sbagliata e alla fine ci sentiamo tristi. In realtà il problema è dentro di noi: è il nostro atteggiamento scorretto che genera il senso di malessere e di noia. Attribuiamo eccessiva importanza alle cose secondarie e trascuriamo quelle fondamentali, essenziali".

La Madre raccontò una storia per chiarire meglio questo punto. "Un uomo soffriva di due disturbi: uno agli occhi e l'altro allo stomaco. Si recò dal medico che gli diede un collirio e una medicina contro i problemi digestivi. Doveva mettere delle gocce di questo collirio negli occhi e bere diversi cucchiai di sciroppo per la cattiva digestione. Nella sua impazienza di guarire, purtroppo si confuse e quando tornò a casa bevette il collirio e mise lo sciroppo negli occhi. Naturalmente entrambi i mali peggiorarono.

Anche nella nostra vita regna una grande confusione. Se desideriamo condurre un'esistenza piena e gioiosa, dobbiamo dare molta più importanza all'anima, alla realizzazione del Sé, e pensare molto meno al corpo. Attualmente facciamo l'opposto: come l'uomo della storiella, scambiamo i due farmaci e prendiamo una medicina al posto dell'altra. Tutta l'energia, la cura e l'attenzione che dovremmo dedicare all'anima le rivolgiamo al corpo, ci dedichiamo a renderlo sempre più bello e lo riempiamo di premure. All'anima diamo appena un briciolo della nostra attenzione e poi ce ne disinteressiamo. Nella nostra confusione non riusciamo più a vedere le cose nella giusta prospettiva e quindi pensiamo e agiamo in modo sconsiderato. Il risultato di tutto questo è un senso di noia e di scontento profondo.

Chi è stabilito nel Sé è sempre disposto a dare. Chi desidera donare senza sosta e non ha aspettative non conosce la noia. Amma vuole solo donare, non ha bisogno di nulla e non si aspetta nulla dagli altri. È contenta di ricevere quello che la vita le presenta, ecco perché non è mai annoiata.

Per potere donare costantemente, occorre che non ci sia il senso di separazione. Deve sparire il senso di dualità, ovvero la mente deve sparire. Solo allora potrete dare veramente senza avvertire il bisogno di prendere o di ricevere. Una persona egoista, centrata solo su se stessa, si annoia. Quando invece ci si focalizza sull'*Atman*, passando dal sé al Sé, si è completamente liberi dalla noia.

L'amore di Radha per Krishna non morirà mai e neppure quello di Mira per il suo diletto Giridhara. Nessuna delle due donne si aspettava qualcosa in cambio del suo amore. Dando abbondantemente, vivevano nella beatitudine e nella pienezza e non provavano mai noia. Apprezzavano e accoglievano con tutto il cuore ogni cosa, piacevole o spiacevole, ed è per questo che vivono ancora nel cuore della gente. Avendo rinunciato a tutto, sono divenute immortali. Cominciate veramente a vivere solo quando l'ego, la mente, muore. L'ego di Radha e Mira era morto. Mira diceva: 'O mio Giridhara, non importa se non mi ami, ma Signore, non togliermi mai il diritto di amarTi!' Questo era il suo atteggiamento. Radha e Mira erano estremamente altruiste e né l'ego né dei pensieri egoisti potevano infangare il loro amore puro.

Quando vivete come se foste l'ego, ubbidendo alla mente e assecondandone i capricci e le fantasie, non siete voi stessi, ma la mente. Questo modo di agire è una forma di follia. È come se foste morti perché vivete pensando di essere solo l'insieme corpo-mente, inconsapevoli che la vostra esistenza è il Sé. Se credete di essere il corpo, vivete nell'illusione. Non è folle considerare l'irreale come reale e coprire la realtà con un velo che non le appartiene? Finché vivrete nella mente, sarete soggetti alla noia.

La zavorra e il clamore della vostra mente sono un pesante carico sempre più faticoso da portare e ora rischia di schiacciarvi. Sfortunatamente non vi rendete conto di questo grande fardello.

Pensando che la noia sia dovuta a situazioni esterne o agli altri, continuate a cambiare luoghi e a fare ogni possibile esperienza finché infine crollate esausti. Non vi piacerebbe deporre il fardello della mente e sentirvi liberi e leggeri? 'Sì, mi piacerebbe molto', risponde la maggior parte della gente, senza però voler abbandonare ciò a cui tiene, convinta che, se lascia la presa, sarà vulnerabile e senza più sicurezze.

Anche un bambino piccolo prova gli stessi sentimenti e quando non è assieme al padre o alla madre si sente molto insicuro. Per sentirsi più protetti e sicuri, i bambini piccoli camminano sempre aggrappati al sari materno o alla camicia paterna. Ma non si comporteranno così a lungo perché trasferiranno la fonte della loro sicurezza su un'altra persona o su un altro oggetto. Crescendo, il bambino scopre che il senso d'insicurezza è aumentato e che la vicinanza dei genitori non gli dà una vera sicurezza. Potrebbe addirittura sentire la loro presenza come un ostacolo alla propria libertà. Ben presto scopre qualcosa o qualcuno che lo appaga più dei genitori, della casa o della città in cui vive. Insoddisfazione e noia vanno di pari passo. Quando i genitori vi annoiano, desiderate allontanarvi. La casa e la città in cui vivete non suscitano più nessun interesse e così volete trasferirvi altrove. Siete stanchi della vostra vecchia auto e ne volete una nuova. La vostra ragazza vi annoia e vi piacerebbe averne un'altra. Nella vostra ricerca di sicurezza e di soddisfazione cadete ogni volta nell'insicurezza e non vi sentite mai appagati. Vi trovate sempre a fare i conti con l'angoscia e con una sensazione di disagio.

Il senso d'insicurezza è nella mente, da cui originano la noia, i timori e le difficoltà. Invece di continuare a cambiare posti o a sostituire un oggetto con un altro, sbarazzatevi della mente. Liberarvene vi rigenererà e vi renderà capaci di avere una visione della vita sempre fresca e nuova. Finché la mente sarà la vostra compagna rimarrete sempre gli stessi, con il vostro fardello di paure, insicurezza, noia e insoddisfazione.

Nella vita, la vera sicurezza si può trovare solo nel Sé (*Atman*), in Dio, e il modo per vincere la noia è abbandonarvi al Sé, a Dio o a un Maestro perfetto. Siate testimoni di tutto ciò che accade nella vostra vita. Voi siete il *Purusha* eterno, siete *Purna* (la Pienezza), il Tutto, non individui limitati. Abbandonate la vostra amarezza, noia e scontentezza. Vivete nella beatitudine e nell'appagamento".

Quando Amma tacque, nessuno aveva voglia di aggiungere altro. Se prima qualcuno avesse desiderato chiederle qualcosa, la spiegazione di Amma era stata così bella e chiara che gli avrebbe fatto dimenticare la domanda. La Madre chiuse gli occhi e tutti fecero spontaneamente lo stesso, cercando di meditare, di assorbire e di assaporare l'energia spirituale presente in modo tangibile nell'aria. Quando uscirono dalla loro meditazione, la Madre chiese ai *brahmachari* d'intonare il canto *Sukhamenni Tirayunna*.

Tu che cerchi la felicità ovunque,
come la troverai
senza rinunciare alla tua vanità?

Finché la Madre dell'universo,
l'incarnazione della compassione,
non brillerà nel tuo cuore,
come potrai essere felice?

La mente
in cui non splende la devozione per Shakti,
il Potere supremo,
è come un fiore senza profumo.
Come una foglia sballottata
dai flutti dell'oceano,
non potrà sfuggire alla sofferenza.

Non lasciare che gli artigli del destino,
questo avvoltoio, ti afferrino.
Adora il Sé in solitudine,
smetti di desiderare i frutti delle tue azioni,
adora la forma del Sé universale
nel fiore del tuo cuore.

Capitolo 9

La Madre incomprensibile

Anche le persone più vicine alla Madre hanno sempre avuto la sensazione che lei fosse incomprensibile. Anche dopo aver trascorso molti anni vivendole accanto, chi scrive sente che in Amma c'è qualcosa d'impenetrabile e che lei trascende la sua comprensione.

I primi *brahmachari* che si riunirono intorno ad Amma si sono sempre chiesti come poterla capire, come comprendere i suoi desideri per poi agire e servirla. A volte questa difficoltà di comprensione li ha messi nei guai.

La natura misteriosa della Madre si è manifestata in più di un'occasione. Se viviamo a stretto contatto con una persona per settimane o forse per qualche mese, ci è facile comprendere la sua natura; ma dopo quasi vent'anni, la personalità della Madre è ancora sconosciuta ai *brahmachari* che andarono da lei per primi e a tutti quelli che l'hanno avvicinata. Gayatri, conosciuta oggi con il nome di Swamini Amritaprana, assiste Amma da vent'anni. Ecco quello che un giorno ha dichiarato a questo proposito: "Che strano! È possibile capire l'universo, ma non Amma!"

Balu e Gayatri si trovavano un giorno nella stanza della Madre. Amma era estremamente tenera e affettuosa con Balu, gli parlò a lungo, chiarì tutti i suoi dubbi, rispose a ogni domanda e lo nutrì perfino con le sue stesse mani. Il giovane, inebriato dall'amore della Madre, era colmo di gioia e di beatitudine. Improvvisamente Amma si volse e gli disse di andarsene. Il suo viso non esprimeva più amore ma totale distacco. Sconcertato da questo improvviso cambiamento, il giovane non sapeva cosa fare. All'inizio pensò che scherzasse, ma poi capì che faceva sul serio. Avrebbe voluto chiederle cos'era successo, ma non osava farlo perché le parole e lo sguardo severo della Madre avevano una tale intensità e forza che gli tolsero la parola. Quel repentino cambiamento di modi della Madre era come un masso scagliato nelle placide e serene acque di un lago, o come un meraviglioso castello che crolla proprio mentre se ne ammira la bellezza.

Balu era ammutolito, pietrificato, in mezzo alla stanza. Riusciva a stento a muoversi quando sentì la Madre ripetergli: "Esci! Voglio rimanere sola! Perché ci metti tanto ad andartene?" Affranto e con il cuore pesante, Balu si accinse lentamente ad uscire. Appena uscì, la Madre chiuse la porta sbattendola. Quel rumore secco fu come un colpo diretto al cuore del giovane.

Nonostante fosse uscito, non riusciva ad allontanarsi. Era così attaccato ad Amma che si sedette e si mise a piangere davanti alla porta chiusa come un bambino abbandonato.

"Dev'essere una prova per verificare la mia fede e la mia pazienza", pensò. "Stare vicino alla Madre per tanto tempo ci fa gonfiare un po' d'orgoglio e l'ego pensa: 'Devo essere speciale, altrimenti non mi terrebbe così tanto vicino a lei'. Ed è proprio allora che Amma lancia una folgore che ci colpisce. Non si pensa mai alla grande fortuna di potere stare accanto ad Amma così a lungo, perché sia la mente che l'ego vedono solo la negatività e sono dominati dall'egoismo e dall'orgoglio. Quando poi subiamo l'attacco improvviso di Amma, la nostra presunzione crolla di colpo. Se non fossi così presuntuoso, avessi solo buoni pensieri e gratitudine e mi sentissi benedetto per la benevolenza della Madre, non sarei triste né avvilito. Si è tristi e abbattuti quando l'ego è messo in discussione. Se non fossi arrogante e non mi considerassi speciale per il privilegio di rimanerle accanto a lungo o non ritenessi di avere diritto di stare alla sua presenza, non proverei tristezza. Se fossi davvero umile, non sarei amareggiato né turbato".

Qualche minuto dopo, il giovane sentì qualcuno aprire la porta. Sollevando il capo, rimase sbalordito nel vedere di fronte a lui Amma con un grande sorriso sul volto e con la stessa espressione che aveva prima che gli ordinasse di andarsene. Come se non fosse successo nulla, gli disse: "Entra, figlio mio. Ma cos'hai? Perché piangi?" Balu non credeva alle sue orecchie ed ebbe un istante di smarrimento. Mentre cercava di raccapezzarsi, udì ancora la voce della Madre: "Figlio, entra! Cosa ti è successo? Perché stai piangendo?" Per il cuore del giovane, quelle parole furono come lo scroscio di pioggia per l'uccello *chataka.*[11]

Il dolore del suo cuore scomparve come ghiaccio sotto i raggi cocenti del sole. Era così commosso dalla compassione della Madre che scoppiò di nuovo in singhiozzi, mentre continuava a chiedersi il motivo di quel comportamento francamente contraddittorio. Inizialmente lei gli aveva mostrato amore ed affetto e poi, bruscamente, senza alcuna ragione apparente, si era mostrata completamente distaccata. Cos'era successo? Non riusciva proprio a capire... Dopo qualche istante le chiese: "Amma, non riesco a capirti e quindi non so come comportarmi di conseguenza. Questo mi addolora profondamente. Cosa posso fare per capirti?"

Sorridendo, la Madre rispose: "Per capirmi, devi diventare me".

[11] Si dice che il chataka (l'uccello bucero) beva esclusivamente le gocce di pioggia che scendono dal cielo e rifiuti ogni altra acqua. Quando non piove, l'uccello è assetato e sconsolato.

Era come se Balu avesse chiesto come poter comprendere l'infinito e la Madre avesse risposto: "Finché non diventerai l'infinito non potrai capire l'infinito".

Questo è solo un piccolo esempio, ma situazioni simili accadono spesso accanto ad Amma.

Il malessere di Amma

Un mattino la Madre si svegliò molto dolorante. Era talmente debole da non riuscire neppure ad alzarsi dal letto. Era domenica, e centinaia di persone aspettavano il suo darshan. Amma respirava a fatica e aveva forti dolori in tutto il corpo (questo succede quando talvolta la Madre prende su di sé le malattie dei devoti). Il dolore era tale che si rotolava sul letto. Non essendo però il letto abbastanza largo, decise di sdraiarsi a terra. Gayatri e i *brahmachari* temevano che il pavimento freddo potesse aggravare il dolore e perciò stesero una spessa coperta. Amma la rifiutò e così Gayatri la tolse e aiutò Amma a sdraiarsi. La Madre cominciò a rotolarsi al suolo gemendo. Stava molto male. I *brahmachari* decisero di annullare il darshan del mattino e il *Devi bhava*. Lo dissero alla Madre, che però non rispose. Prendendo questo silenzio per assenso, affissero un cartello all'ingresso dell'ashram in cui si annunciava che il darshan e il *Devi bhava* erano stati annullati. Un *brahmachari* andò nella capanna in cui si teneva il darshan e comunicò la notizia ai devoti che ne furono molto amareggiati.

Erano le nove e mezzo passate. La Madre era ancora sdraiata e le sue condizioni non accennavano a migliorare. Tutti erano molto preoccupati. Gayatri e Damayantiamma le massaggiavano le gambe, mentre una *brahmacharini* le teneva una borsa di acqua calda sul petto. Tutti gli occhi erano puntati su di lei. Di colpo Amma si mise a sedere con un balzo e chiese: "Che ore sono?" Increduli, tutti risposero all'unisono: "Perché Amma? Perché vuoi sapere l'ora?"

"Perché mi fate questa domanda?" esclamò la Madre, come se niente fosse successo e si sentisse benissimo. "Non sapete che oggi è domenica? I devoti saranno già qui per il darshan... Che ore sono?". Si voltò a guardare l'orologio e quando vide l'ora esclamò: "O Shivane, sono quasi le dieci meno un quarto!" Ora si reggeva perfettamente in piedi. Nealu accennò a una protesta e disse: "Amma, abbiamo già annunciato che oggi non ci sarà il darshan. I visitatori si stanno lentamente allontanando. Sei molto malata, Amma, e hai bisogno di almeno un giorno di riposo". La Madre gli lanciò un'occhiataccia e disse: "Cos'hai detto? Hai annunciato che oggi non c'è il darshan? Hai fatto una cosa simile? Chi ti ha detto che Amma è malata? Amma non è ammalata! Amma non ha mai fatto una cosa simile ed è molto stupita nel vedere che tu, che vivi con lei da tanto tempo, sei completamente privo di compassione. Come ti è venuto in mente di mandare via i devoti?" Poi inviò immediatamente Pai ad annunciare che la Madre avrebbe dato il darshan come al solito. Esultanti, i devoti tornarono subito indietro per prendere posto nella capanna.

Ora la Madre sembrava avere ripreso il suo normale stato di salute, senza segni di sofferenza né di malattia. Disse ai *brahmachari*: "Voi non capite i sentimenti dei devoti. Alcuni aspettano da tanto tempo di poter incontrare Amma e molti hanno dovuto chiedere un prestito o vendere gli orecchini o l'anello da naso per andare da lei. Parecchi hanno messo da parte dieci *paise* al giorno del loro misero guadagno per poter comprare il biglietto dell'autobus e venire all'ashram una volta al mese. Per voi è facile mandarli via dicendo che oggi non c'è il darshan, ma pensate alla loro angoscia se non riusciranno a vedere Amma e alle difficoltà che hanno dovuto superare per giungere fino a qui. Pensate alla loro delusione. Molti non prendono una decisione importante se prima non hanno parlato con Amma e fra di loro ci sono diverse persone che potrebbero avere bisogno di ricevere una risposta oggi stesso. Ci sono cose che non si possono rimandare. Con quanta leggerezza avete deciso che stamani non ci sarebbe stato il darshan... Figli, cercate di capire i problemi degli altri e di sentire il loro dolore".

Molto turbato, Nealu chiese: "Cosa penserà la gente di noi? Crederanno che noi *brahmachari* abbiamo annullato il darshan di nostra iniziativa".

La Madre gli lanciò un'altra occhiataccia ed esclamò: "Nealu, ti preoccupi ancora di quello che la gente pensa di te? Molto bene! E così hai paura degli altri e del loro giudizio negativo! Tutto ciò che è successo è per volere di Amma: non puoi vedere le cose in questo modo? È così che un discepolo pensa del suo Maestro? La preoccupazione per quello che gli altri pensano di te proviene dal tuo ego, desideroso di avere una buona immagine. Non ti piace essere criticato o rifiutato e una tale eventualità ti preoccupa molto di più dello stato di salute di Amma. Chi invece si è abbandonato a Dio o al Maestro non ha questi pensieri. Quando ci si abbandona non si pensa più a se stessi o a quello che gli altri pensano di noi. Devi imparare a lasciar andare l'ego".

Appena Amma finì di parlare, Gayatri chiese ai presenti di uscire dalla stanza in modo che la Madre potesse prepararsi per il darshan.

Uno straniero per guarire la mente

Venti minuti più tardi la Madre si recò nella capanna in cui dava il darshan e iniziò a ricevere i devoti. Sembrava radiosa, entusiasta e in perfetta salute.

Una volta i *brahmachari* le chiesero come dovessero interpretare i suoi umori sconcertanti e perché a volte si comportasse in modo apparentemente tanto strano.

La Madre rispose:

"È la vostra mente strana e chiassosa che pensa che Amma agisca in modo curioso. Vi sembra tale perché avete delle idee preconcette sul comportamento da tenere. Il modo in cui siete vissuti e l'educazione che avete ricevuto vi hanno inculcato determinate idee e abitudini e quindi giudicate alcuni comportamenti stravaganti e altri normali. Normalità e stravaganza non sono che vostri concetti e convinzioni personali. Vorreste che Amma parlasse e agisse seguendo il vostro schema mentale.

Forse avete determinate idee sulla vita e pensate che siano giuste, ma altri hanno le loro, e anche molto diverse. Ognuno ha idee, pensieri e sentimenti propri, ed è convinto di avere ragione e che gli altri abbiano torto. Tutti si comportano in questo modo. La mente ha elaborato i propri concetti e si aspetta che Amma vi si adegui.

È vero che Amma si sforza di aiutare i devoti che vanno da lei per essere alleviati dai loro dispiaceri e dalle loro sofferenze e paure. Avete visto quanto cerchi di farli sentire a proprio agio in modo che si aprano in sua presenza: più si aprono, più lei può aiutarli. Amma è disposta a dare la vita per la felicità degli altri, ma non crede di dover trattare voi, che desiderate dedicare la vita a conoscere Dio, allo stesso modo. È necessario che la vostra mente sia ripetutamente rimescolata affinché diventi sempre più limpida e cristallina e vi permetta così di percepire la vostra vera esistenza, l'*Atman*. In altre parole, dovete liberarvi della mente. Ma non è facile. La mente non sparisce con un colpo di bacchetta magica, la si può dissolvere con il calore prodotto dal *tapas*; questo calore è generato dalla disciplina del Maestro, unito al vostro amore e attaccamento per lui.

La mente e l'intelletto non possono comprendere il Maestro, ecco perché lo considerate strano e contradditorio. È importante che capiate che questo giudizio nasce solo dalla mente.

Con il calore prodotto dalle austerità (*tapas*), la mente - assieme ai suoi giudizi e alle sue preoccupazioni - si scioglierà e voi inizierete ad agire dal cuore. Ma perché questo avvenga occorre che il discepolo abbia un'enorme pazienza.

Un vero Maestro sacrifica tutta la sua vita per il progresso dei discepoli, dei devoti e dell'umanità intera. Ma anche dall'altra parte dev'esserci un certo impegno. Siate pazienti e riceverete tutto da lui.

Cercate di non giudicarlo con il vostro intelletto perché potreste commettere un errore grossolano. Dimorando ancora nella mente, le vostre abitudini e tendenze sono ancora molto forti e vi ostinate a cercare di svelare il mistero degli 'strani modi' del Maestro con la logica e il ragionamento. Non li capirete mai finché non intenderete che è impossibile capirlo usando la mente e l'intelletto e che l'unico strumento adeguato è la fede. Solo l'abbandono e l'innocenza di un bambino possono aiutarvi a comprendere il Maestro.

Lo sforzo di capirlo con l'intelletto logora la mente. Poiché la natura del Maestro è infinita, a un certo punto vi accorgerete della futilità dei vostri sforzi e finalmente vi aprirete e diverrete ricettivi. Perché tutto questo avvenga è necessario intraprendere delle austerità (*tapas*); l'amore e il legame alla forma esterna del Maestro generano il calore del *tapas*.

Il Maestro potrebbe sembrarvi strano, ma si tratta soltanto di una vostra opinione. Questa sensazione di stranezza proviene dalla mente, con la quale vi siete identificati; più accettate la disciplina del Maestro con un cuore ardente d'amore, più vi accorgerete che non è lui ma la vostra mente ad essere strana.

La mente è un elemento esterno che non appartiene alla vostra vera dimora, il Sé. Potremmo paragonare la mente a un corpo estraneo che provoca irritazione e prurito. Il prurito rappresenta i desideri. Se una ferita prude, proverete del sollievo strofinandola, ma continuando a farlo si arrosserà e s'infetterà aumentando il dolore.

Questo pizzicore è dato dagli innumerevoli desideri ed emozioni che affollano la mente. Per sentirvi un po' meglio, cominciate a strofinare la ferita; ma continuando a farlo, la vostra vita finirà per diventare una grande piaga purulenta. Per guarirla, occorre far uscire il pus. Il compito di Amma è guarire la ferita comprimendola per liberarla dal pus. Questo è come lei esprime concretamente la sua compassione, ma voi definite questo comportamento 'strano'. Ciò nonostante, la Madre non bada alle vostre reazioni, dovute a una mancanza di comprensione. Pensereste che Amma è normale se si limitasse a medicare la ferita permettendovi di continuare a strofinarla. Potete scegliere: se volete che lei agisca dandovi solo sollievo e non curi la ferita, Amma non si opporrà, ma il dolore ritornerà.

Immaginate di andare dal dottore perché vi medichi una ferita e che lui vi faccia un'iniezione che inizialmente accresce il dolore. La ferita potrebbe cominciare a suppurare ed essere estremamente dolente. Potreste chiedergli: 'Perché continuo ad avere male anche dopo il trattamento?'

Sorridendo, il medico risponderà: 'Non si preoccupi, l'iniezione aiuta a far affiorare tutto il pus in modo che esca'. Il medico è contento di come state rispondendo alla terapia perché significa che sta funzionando. A voi comunque sembra piuttosto strano che lui sia così soddisfatto. Non è colpa sua se non capite il suo modo di comportarsi. Lui sa quello che fa ed è suo compito curarvi nel modo migliore. Non potete giudicarlo e, se lo fate, rischiate di sbagliare per ignoranza. Sta medicando la vostra ferita e il dolore è parte del processo di guarigione: è inevitabile. Il male che ora avvertite ha lo scopo di evitarvi ogni altro dolore. Se non siete un dottore e non avete nessuna conoscenza medica, le vostre idee su come curare una ferita sono solo semplici opinioni personali.

Un vero Maestro si comporta come un medico. La vostra confusione e sofferenza sono dovute al rimedio spirituale che vi ha somministrato per far uscire il pus delle ferite del passato.

I tagli e le ferite fisiche non rappresentano un grosso problema, se ben curati guariscono presto. Ma le ferite interiori sono molto più gravi e possono rovinare tutta la vostra vita perché ignorate di averle e non sapete nulla a riguardo. Un normale medico non sa come curarle. Sono lesioni profonde, antiche, che necessitano dell'intervento di un dottore onnisciente e divino. È assolutamente indispensabile l'intervento di un vero Maestro che sappia leggere le vostre vite passate e conosca come trattare e guarire tali ferite interiori".

"Amma, hai paragonato la mente a un corpo estraneo. Perché estraneo? Puoi approfondire questo punto?", chiese qualcuno.

La Madre rispose:

"Quando un elemento estraneo penetra nella nostra vita, cerchiamo in ogni modo di rimuoverlo. Se ad esempio abbiamo un granello di polvere nell'occhio, cerchiamo subito di toglierlo. Perché? Perché non fa parte dell'occhio, non ci appartiene. Cosa dire allora di una malattia? Anche se si tratta di un semplice mal di testa o di stomaco, vogliamo eliminarlo perché è un intruso. Il nostro organismo vuole sbarazzarsene perché non gli appartiene. Anche la mente è un corpo estraneo, un intruso di cui ci dobbiamo liberare.

Tutti desiderano essere felici e in pace. Su questo siamo tutti d'accordo. Ma per ottenere una pace e una felicità vere, bisogna trascendere la mente e i suoi desideri. È lei la causa della sofferenza, del prurito. Potremmo paragonare la mente a una ferita che pizzica ogni volta che sorge un desiderio. Soddisfare questo desiderio è simile a strofinare la lesione. Facendolo, proveremo momentaneamente sollievo, senza renderci conto che cedendo ai desideri rendiamo la ferita della mente ancora più profonda e infetta. Le richieste e i desideri si susseguono senza sosta e noi seguitiamo ad ascoltarli. Un tale comportamento equivale a strofinare costantemente una ferita, allargandola.

Se vi limitate a strofinare con forza l'occhio in cui è entrata della polvere invece di cercare di toglierla, il dolore e l'irritazione aumentano. Rimuovete la polvere e vi sentirete meglio. La mente è simile a un granello di polvere nell'occhio, è un corpo estraneo. Imparate come liberarvene. Questo è il solo modo per giungere alla perfezione e alla felicità.

Tutti gli esseri umani aspirano alla gioia e alla pace, ma scelgono vie sbagliate per conseguirle. La maggior parte della gente è consapevole che la pace e la felicità che prova non sono autentiche, ha la sensazione che nella sua vita manchi qualcosa e cerca di colmare questo vuoto comprando e possedendo cose. Il vero problema risiede nella mente, l'intruso da cui liberarsi. Chi può eliminarla? Solo qualcuno che la mente considera un estraneo. Il Maestro è questo estraneo. Forse un *Mahatma*, un Maestro perfetto, sembrerà un enigma indecifrabile per la vostra mente, ma egli conosce perfettamente questa vostra mente strana e i suoi comportamenti bizzarri. Un *Mahatma* è il Maestro di tutte le menti, ma per la vostra mente egli è un fenomeno davvero insolito.

Finché c'è la mente, le azioni di un *Mahatma* vi sembreranno curiose, ma quando comincerete a controllare la mente e i pensieri, capirete che il Maestro non è mai stato strano: era la vostra mente ad esserlo.

Amma desidera ribadire di nuovo che la mente ha bisogno di essere scossa e solo un certo straniero con dei modi strani sa come farlo. Anche le persone comuni che frequentate possono a volte, con i loro diversi stati d'animo, scuotere la vostra mente, ma in maniera superficiale e insufficiente. Un rimescolamento efficace deve giungere in profondità. Solo così si produce la purificazione. Nessun individuo comune è in grado di svolgere tale compito perché nessuno conosce la stranezza della vostra mente come il Maestro. Un vero Maestro è al di là dei sensi e della mente ed è per questo che lo giudicate singolare. Questa strana persona, che ha trasceso i sensi e la mente, può eseguire magistralmente tale rimescolìo e aiutarvi a liberarvi della mente e dei suoi sentimenti bizzarri. Questo strano essere è il Maestro, il *Satguru*, che attraverso l'amore e la compassione attrae a sé il discepolo. A poco a poco, con i suoi modi e umori insoliti, inizia ad operare su di voi.

Figli, c'è un proverbio malayalam che recita: 'Agita l'acqua per prendere il pesce'. Se agitate l'acqua dello stagno, i pesci che ci vivono usciranno dalla melma, dai loro rifugi. Spaventati dal rumore, si allontaneranno velocemente. Una volta usciti dai nascondigli, il pescatore getterà la rete per catturarli. Allo stesso modo, con il suo comportamento insolito e incomprensibile il Maestro scuote la nostra mente. Questo rimescolìo fa affiorare tutte le nostre *vasana* (tendenze) assopite e profondamente nascoste. Solo se si manifestano possiamo diventarne consapevoli e rimuoverle. Il Maestro si comporta volutamente in modo singolare per catturare la mente, e lo sconvolgimento che provoca vi permette di prendere coscienza della moltitudine di emozioni e di sentimenti negativi che avete in voi. Quando vi renderete conto di quanto sia pesante questo fardello di negatività, desidererete sinceramente liberarvene. Comprendendo qual è la causa del prurito e la profondità della vostra ferita, siete disposti a collaborare con il Maestro. Non volete più portare questo carico, desiderate deporlo e sentirvi liberi e sereni. Una volta che avrete preso coscienza della negatività vi sarà facile eliminarla. Sapendo che la mente è la vera causa delle vostre amarezze e dei vostri dolori, potrete rinunciarvi con la grazia del Maestro.

Capitolo 10

Che ti serva come promemoria

Un *brahmachari* desiderava lasciare l'ashram per andare a vivere per qualche mese in solitudine. Più di una volta aveva chiesto il permesso alla Madre, che gli aveva risposto: "Perché vuoi andartene? Cosa pensi di ottenere? Amma non pensa che ti gioverà allontanarti dall'atmosfera dell'ashram. Se aspiri alla realizzazione questo è il posto migliore, ma se preferisci obbedire alle tue *vasana*, fai pure. Il problema è la tua mente. Finché la porterai con te dovunque andrai, non otterrai nulla. Cambiare luogo o situazione non porta a nessun risultato: fino a quando non metterai a tacere la mente rumorosa, continuerai a restare lo stesso "vecchio uomo" con le medesime abitudini e tendenze. Finché non la renderai silenziosa, non potrai realizzare il Sé. Quello che ti occorre non è un luogo o una situazione diversa, ma qualcuno che abbia messo completamente a tacere la mente. Solo lui può aiutarti a prendere coscienza del vero problema e a liberartene. Solo una tale persona può aiutare la tua mente a diventare tranquilla e silenziosa".

Il *brahmachari* decise ugualmente di partire. Un mattino di buon'ora uscì dall'ashram, lasciando una lettera per la Madre in cui aveva scritto: "Amma, perdona la mia disobbedienza, ma il desiderio di solitudine è così forte che non riesco a resistergli. Devo andare. O Tu che sei piena di compassione, ti prego di accettarmi come tuo figlio e discepolo al mio ritorno".

Ma il *brahmachari*, che voleva trascorrere in solitudine almeno tre mesi, ritornò all'ashram quel giorno stesso. Più tardi raccontò il curioso incidente che l'aveva costretto ad abbandonare l'idea di partire.

Sperando di riuscire a salire sul primo autobus del mattino per Kayamkulam, aveva attraversato in barca la laguna e stava per incamminarsi verso la fermata dell'autobus quando improvvisamente apparve una mezza dozzina di cani che gli sbarrò la strada. Pensando che fossero inoffensivi, decise di ignorarli e cercò di continuare a camminare, ma appena mosse un passo i cani si misero ad abbaiare fissandolo con aria feroce. Il giovane raccolse per terra un bastone per spaventarli, ma questo gesto scatenò la loro collera e cominciarono ad abbaiare con maggiore violenza. Alcuni si avvicinarono a lui minacciosi. Aveva avuto l'intenzione di spaventarli, ma ora era lui che aveva così tanta paura da lasciare cadere il bastone. Appena lo fece, i cani smisero di abbaiare e si tranquillizzarono, continuando però a non farlo passare. Il giovane tentò ripetutamente di dirigersi verso la fermata dell'autobus, ma ogni volta che accennava a muovere un passo i cani ricominciavano ad abbaiare impedendogli di procedere.

A un certo punto il *brahmachari* si adirò talmente che cominciò ad avanzare con fare minaccioso, ma subito un cane si gettò contro di lui e gli addentò il polpaccio destro. La ferita non era profonda, ma sanguinava. Il giovane era scioccato, ma questo fatto gli aprì gli occhi. "Dev'essere un *lila* della Madre che non vuole che io parta" pensò. "Sto cercando di disubbidire, ma se questo gesto è in contrasto con la sua volontà, non ci riuscirò. Altrimenti come si spiegherebbe lo strano comportamento di questi cani?" Mentre rifletteva in questo modo e si sentiva un po' più rinfrancato, ritornò all'ashram.

Avrebbe voluto tenere segreto questo incidente e parlarne solo alla Madre più tardi, alla prima occasione, ma con sua grande sorpresa il mattino dopo Amma esclamò: "I cani ti hanno dato una bella lezione, vero?" Ridendo, aggiunse: "Figlio, che questo morso sia una giusta punizione per la tua disobbedienza". Non passò molto tempo prima che l'accaduto fosse sulla bocca di tutti. Nei due giorni seguenti, quando il *brahmachari* compariva con la gamba bendata veniva accolto da uno scroscio di risa e i residenti lo schernivano con battute sferzanti. Nel vedere la fasciatura, anche la Madre rise e disse: "Che questo ti serva da promemoria". Preso dai rimorsi, il *brahmachari* pianse a dirotto implorando Amma di perdonarlo.

Cercando una spiegazione di quello che gli era successo, più tardi chiese alla Madre: "Perché quei cani si sono comportati in modo così strano? La tua volontà si è espressa attraverso di loro, non è così? Com'è possibile?"

La natura onnipervasiva di un vero Maestro

La Madre rispose:

"Figlio, non ti hanno mai raccontato come la natura intera rispose al grande saggio Vedavyasa quando chiamava il figlio Shuka chiedendogli di tornare? Sin da piccolo, Shuka era distaccato dal mondo. Il padre desiderava che si sposasse e formasse una famiglia, ma Shuka, che nacque già con una natura divina, era fortemente attratto da una vita di rinuncia e così un giorno lasciò tutto per diventare monaco (*sannyasin*). Mentre si allontanava dalla casa paterna, Vedavyasa lo chiamò, ma invece del figlio rispose la natura: gli alberi, le piante, le montagne, le valli, gli uccelli e tutti gli altri animali. Qual è il significato di un tale comportamento?

Chi è diventato uno con la Coscienza suprema è uno anche con tutta la creazione; non è più limitato al corpo, è la forza della vita che splende in e attraverso ogni elemento del creato. Un tale essere è questa Coscienza che dona bellezza e vitalità a tutte le cose, il Sé immanente in ogni oggetto. Questo è il senso della storia.

Quando Vedavyasa chiamò il figlio, la natura rispose perché Shuka era questa pura Coscienza che permea tutta la natura. Vedavyasa chiamò Shuka, ma lui non era il corpo e non aveva più nome né forma. Aveva trasceso il nome e la forma. Presente in ogni essere, il corpo di ogni creatura era il suo. Egli era in tutti e quindi tutti risposero a Vyasa.

Tu hai visto solo il corpo dei cani. Ma cosa c'è al loro interno? In ogni corpo dimora l'*Atman*. Puoi dare il nome di 'cane' a ciò che hai visto, perché ha il corpo di cane. Quando però avrai compreso la Verità, vedrai che il cane e tutto ciò che esiste nel creato è impregnato del Supremo *Atman*. Un *Mahatma* ha potere su tutti gli esseri, senzienti e non senzienti. Tutto gli appartiene e può controllare ogni cosa. Nulla gli è impossibile, persino un'asse di legno ubbidirà ai suoi ordini. Non potrà quindi comandare un cane, che è molto più intelligente di un'asse? Il *Mahatma* può agire attraverso il sole, la luna, l'oceano, le montagne, le piante e gli animali; può esprimersi attraverso l'universo intero, gli basta impartire un ordine. Una parola, uno sguardo, un pensiero o un tocco sono sufficienti perché un qualsiasi oggetto gli obbedisca.

Conosci la storia che racconta come Sri Krishna lanciò una mandria di mucche contro un potente demone che voleva rubarle? Per farle ribellare, Gli bastò suonare il flauto. Il demone era al servizio di Kamsa, lo zio malvagio di Krishna che aveva cercato più volte di uccidere il nipote servendosi di fedeli demoni. Tutti i tentativi erano falliti e questo fatto aveva fatto infuriare maggiormente Kamsa. Un giorno chiamò uno dei suoi demoni e gli ordinò di uccidere tutte le mucche che appartenevano a Krishna e ai suoi amici.

Ogni mattina, Krishna e i pastorelli portavano la mandria a pascolare. I prati erano distanti da Gokul, il villaggio in cui vivevano Krishna e i suoi amici. Un giorno, mentre il bestiame brucava tranquillo nella foresta, comparve il demone. Il suo piano era di indurre inizialmente gli animali a dirigersi verso un luogo dove avrebbe potuto più facilmente utilizzare i suoi poteri diabolici per ucciderli. Appena le mucche videro il suo aspetto orribile si spaventarono e cominciarono a correre precipitosamente in tutte le direzioni. Il demone riuscì a riunirle e a dirigerle nella direzione che desiderava. I piccoli mandriani amici di Krishna corsero spaventati dove lui era seduto. Quando gli raccontarono l'accaduto, Sri Krishna sorrise e iniziò a suonare con il flauto una bellissima melodia. Non occorreva altro. Nell'udire quel suono armonioso, le mucche che stavano seguendo la direzione indicata da quella creatura malvagia si voltarono e si misero a inseguirla. Si trattava di una mandria composta da centinaia di capi e i poteri magici del demone non avevano nessun effetto su di loro. Così fu il demone che alla fine dovette darsela a gambe.

Il santo Jnanesvar fece sì che un muro si spostasse e ordinò a un toro di recitare i *Veda*.

Avere la signoria sulla mente significa avere la signoria su tutto il creato. Tale potestà non si limita al controllo della propria mente ma si estende su tutte le menti, che sono ai vostri ordini. Voi siete il Tutto e non una parte. Quando lo realizzerete, non vi sentirete più separati da nulla".

Prendete rifugio ai piedi di un essere perfetto

La Madre tornò a parlare dell'episodio del *brahmachari* che aveva cercato di andarsene e disse: "In tutto il mondo la gente corre qua e là in cerca della spiritualità e della realizzazione del Sé. Desidera trovare un luogo tranquillo e appartato, forse una grotta, una foresta o un luogo di montagna vicino a un fiume. Le persone dovrebbero prima imparare ad essere pazienti e fermarsi in un posto, ma non uno che sia solo di loro gradimento; dovrebbero restare ai piedi di qualcuno che le aiuti ad accorgersi che i loro problemi non sono dovuti a eventi esterni, ma risiedono dentro di loro. Questa persona dev'essere in grado di prendere per mano un aspirante spirituale e condurlo fino alla meta; deve fargli sentire che non è solo, perché il Maestro, dotato d'immenso potere spirituale, sarà sempre pronto ad aiutarlo e a guidarlo amorevolmente.

Si tratta di un cammino non facile, che implica sofferenza. Ma non bisogna neppure che l'aspirante provi troppa sofferenza, perché altrimenti potrebbe deviare dal sentiero o desiderare di abbandonarlo. Oggigiorno non è facile trovare studenti capaci, mentre in passato, quando la verità e la fede erano vive, ce n'erano di più. Il loro desiderio di raggiungere la meta era così forte che accettavano di buon grado la severa disciplina del Maestro e avevano completa fiducia in lui, ubbidendolo in tutto. Però le cose sono cambiate e la fede e l'abbandono di sé sono diventate solo parole. Parlare molto e agire poco sembra essere il motto della nostra epoca, in cui le tendenze mentali (*vasana*) sono molto più forti di un tempo. Nessuno vuole sottostare a una disciplina e tutti si tengono ben stretto il loro prezioso ego. Le persone considerano l'ego un ornamento, non un peso, non si accorgono di questo fardello e si sentono a loro agio avvolte da questo piccolo guscio impenetrabile. Pensano che sia un buon rifugio e l'idea di uscirne le spaventa, le fa sentire insicure... Ciò che si trova fuori da questo guscio le intimorisce essendo ignoto e quindi pericoloso. Credono che ciò che è al di là dell'ego non sia per loro, ma solo per chi 'non è capace di fare nient'altro nella vita'".

Abbandonarsi richiede coraggio

"Abbandonarsi a un Maestro non è facile, richiede coraggio", continuò la Madre. "Potremmo paragonarlo al tuffarsi in un fiume impetuoso. Il Maestro è questo fiume. Una volta che ci siete saltati dentro, la corrente vi condurrà inesorabilmente al mare. Anche se vi dibattete e cercate di nuotare controcorrente, la forza del fiume è tale che vi porterà per forza all'oceano, a Dio, al Sé: la vostra vera casa. Tuffarsi nel fiume significa abbandonarsi. Lo potremmo paragonare alla morte del corpo e della mente e quindi richiede una mente coraggiosa.

Forse non siete ancora pronti a saltare nelle acque profonde del fiume ed esitate a tuffarvi. Per il momento preferite restare sulla sponda ad ammirarlo e a godere la dolce e fresca brezza, il mormorio dell'acqua che scorre, la sua forza e bellezza. Non c'è nulla di male in tutto questo. Il fiume non vi costringerà a tuffarvi e potete rimanere sulla sponda quanto volete perché il fiume non vi caccerà via. Non vi dirà mai: 'Ehi, adesso basta, vattene. Ci sono tantissime persone che aspettano!' Non vi dirà neppure: 'Bene, adesso è arrivato il momento. O ti decidi a tuffarti o ti costringo io'. Niente di tutto questo. Tutto dipende da voi. Potete tuffarvi o stare sulla riva. Il fiume è lì, sempre pronto ad accogliervi e a purificarvi.

Il fiume, che è il Maestro, è privo di ego e non si dice: 'Come scorro veloce! Sono incantevole e molto forte e posso portarvi fino all'oceano. In effetti io sono l'oceano. Guardate quanti si tuffano, si bagnano e si divertono nelle mie acque!' No, il fiume non la pensa in questo modo, si accontenta di scorrere perché questa è la sua natura.

Tuttavia, una volta tuffati, la corrente è tale che divenite come un corpo inerte. Vi scoprite così impotenti che l'unica scelta è restare tranquilli e lasciare che il fiume vi conduca. Siete liberi di decidere se restare sulla riva o saltare in acqua. Ma una volta fatto il balzo non avete più scelta, perdete la vostra individualità e dovete abbandonate l'ego. A questo punto scomparite per poi trovarvi a nuotare nella pura Coscienza.

Siete dunque liberi di restare sulla riva. Ma per quanto? Prima o poi, o volterete le spalle al fiume per tornare nel mondo oppure vi tufferete. E anche se tornaste nel mondo, la bellezza e il fascino del fiume sono tali che vi faranno tornare. Verrà un giorno in cui proverete il desiderio di fare il gran salto e alla fine vi immergerete, è inevitabile.

Mentre siete sulla riva potreste sentirvi ispirati a parlare del fiume, a cantarne le lodi o a descriverne la bellezza. Forse vi sarete fatti anche una vostra opinione e avrete innumerevoli episodi da raccontare su di lui, senza parlare della sua storia. Ricordate però che ne state parlando senza esservi immersi neppure una volta e, finché non vi immergete, i vostri inni e le vostre lodi non hanno alcun valore. Quando infine vi tufferete, vi abbandonerete al fiume dell'esistenza, al Maestro perfetto, e rimarrete in silenzio. Non avrete più nulla da dire.

L'abbandono di sé rende silenziosi, distrugge l'ego e vi porta a sperimentare la vostra nullità e l'onniscienza di Dio. Capendo di non essere nulla e di essere completamente ignoranti, non avete più nulla da dire. Armati di una fede totale e incondizionata, potete soltanto inchinarvi con estrema umiltà. Per acquisire la Conoscenza bisogna essere umili. L'ego e la Conoscenza sono incompatibili. L'umiltà è segno di vera conoscenza.

Alcune persone sanno parlare molto bene, ma spesso hanno anche un grande ego. Naturalmente ci sono eccezioni, ma in genere preferiscono parlare molto e praticare poco ciò che dicono. Perché? Perché non si sono arresi a una realtà più alta, ai valori più nobili della vita. In effetti non hanno accettato fino in fondo la natura onnipotente di Dio e non hanno preso coscienza della loro nullità, anche se ne parlano in modo sapiente. Tali persone possono agire per il bene del mondo, ma anche provocare danni.

Amma non vuole fare di tutta l'erba un fascio e sa che non tutti sono così. Anche tra queste persone ce ne sono alcune che si sono abbandonate a Dio, ma sono poche, si possono contare sulle dita di una mano. La tendenza prevalente è alimentare il proprio egocentrismo".

L'ego uccide il vostro vero Sé

Il problema più grave del mondo, della politica e dell'economia è la sfrenata competizione, il conflitto che divide i membri di uno stesso partito o distrugge aziende rivali. Tutti cercano di primeggiare sugli altri. In una tale situazione vi trovate costretti ad essere aggressivi con gli avversari. Volendo dominarli, bisogna dimostrare quanto contiate, e per raggiungere lo scopo siete pronti a ricorrere ad ogni mezzo, anche spietato. In questa lotta per la sopravvivenza perdete la vostra umanità e diventate come animali. Al posto del cuore mettete una pietra. Privi di ogni considerazione per gli altri, sacrificate la vostra vera natura.

Ecco una storia che Amma ha sentito raccontare:

Un uomo aveva una causa in tribunale. Temendo di perderla, disse al suo avvocato che gli sarebbe piaciuto regalare al giudice una sacca completa di mazze da golf. Sconcertato, l'avvocato rispose: 'Il giudice è molto fiero della sua onestà, è impossibile corromperlo. Un tale atto lo indisporrebbe nei suoi confronti e può ben immaginare il risultato'.

L'uomo vinse la causa e per festeggiare invitò l'avvocato a pranzo. Lo ringraziò per il suo suggerimento ed esclamò: 'In effetti ho inviato le mazze da golf al giudice, ma a nome del mio avversario...'

L'ego trasforma la vita in un campo di battaglia e in battaglia non esistono amici né persone care o congiunti, ci sono solo nemici. L'amore e la sollecitudine per gli altri sono assenti, tutti pensano a come uccidere il nemico. Non si pensa mai alla possibilità di dimenticare i torti e di perdonare. A dire il vero, anche quelli che sembrano sostenervi desiderano la vostra rovina e, in effetti, ragionano proprio come voi e sono ugualmente sospettosi. Questo significa che dopo aver eliminato i nemici finirete per eliminare anche i vostri alleati. Il potere e il denaro vi rendono ciechi. Cos'ha provocato una tale situazione? La mancanza di abbandono di sé e di umiltà. Ognuno pensa di essere speciale, si sente importante. Volere mostrare agli altri quanto si è speciali e importanti porta sempre alla rovina.

Alcuni giorni fa un attore è venuto da Amma e le ha confidato quanto sia difficile sopravvivere in quell'ambiente. 'La gente pensa che la carriera cinematografica sia una delle migliori e che le stelle del cinema vivano una vita piena di gioia e di soddisfazioni' ha detto. Con molta tristezza ha spiegato ad Amma che recitare è una delle professioni peggiori a causa dell'invidia e della competizione fra gli attori. Chi è arrivato in cima non aiuta mai gli altri, e anche gli attori o le attrici di vero talento sono in balìa dei produttori, dei registi e degli attori più affermati. È un mondo estremamente ostile, in cui ognuno cerca di provocare la caduta dell'altro.

Pur di raggiungere lo scopo, le persone possono dissimulare l'ego. Prendete il caso di qualcuno che stia cercando un impiego da tanto tempo e non l'abbia ancora trovato. Ha un colloquio di lavoro con il proprietario di un'azienda e durante l'incontro si comporta umilmente celando accuratamente il suo ego. Accetta di buon grado tutte le condizioni lavorative e firma il contratto, promettendo solennemente che non parteciperà mai a uno sciopero né a una protesta contro la direzione e che svolgerà le sue mansioni con prontezza e sollecitudine. Una volta assunto, comincia a pensare di essere una persona importante e desidera mostrare quanto vale. Dimentico delle promesse fatte, lascia che il suo ego emerga.

Quando vi abbandonate a una coscienza superiore, rinunciate ad ogni rivendicazione e lasciate andare tutto ciò che tenevate stretto. A quel punto non date molta importanza al successo o all'insuccesso, non volete più essere qualcuno ma aspirate a non essere più nulla e nessuno. E così vi tuffate nel fiume dell'esistenza.

Sono l'ego e la mente a darvi l'illusione di essere qualcuno. Se non li eliminate non potete tuffarvi e penetrare più profondamente nella vostra coscienza. Dovete diventare un nulla, non deve restare neppure la minima traccia del pensiero 'Io sono qualcuno o qualcosa'. Finché siete qualcuno o qualcosa non potete entrare nel regno della pura Coscienza".

La bellezza risiede nella mancanza di ego

"L'ego sa solo distruggere", proseguì la Madre, "distrugge tutto, anche la vita, e rovina ciò che è bello e buono. Dove prevale l'ego, c'è bruttezza, perché esso è per natura orribile e ripugnante. Per quanto una persona possa essere di bell'aspetto e abbia notevoli capacità, avrà qualcosa di sgradevole.

Ravana, il re dei demoni, era bello, maestoso e possedeva innumerevoli doti. Cantante e musicista eccellente, sapeva suonare più strumenti alla volta componendo magnifiche melodie. Pur essendo un grande compositore, scrittore e studioso, la sua personalità aveva un lato ripugnante e, nonostante questi talenti, il suo ego smisurato lo rendeva antipatico. Credeva di essere superiore a tutti e pensare di essere i migliori imbruttisce.

Per contro, Vedavyasa non era affatto bello, ma la sua presenza era straordinariamente luminosa e divina, essendo l'incarnazione dell'umiltà e della semplicità. Questo mirabile saggio non aveva ego. Benché fosse naturalmente grande, non aveva mai affermato la sua grandezza. Si considerava un nulla e grazie a questo era tutto.

Vedavyasa era un'anima che aveva conseguito il perfetto abbandono; Ravana, invece, non aveva abbandonato nulla. L'ego di questo demone aveva raggiunto proporzioni enormi, mentre Vedavyasa non aveva neppure una traccia di ego e personificava la pura Coscienza. Quale differenza!"

Tutti ascoltavano affascinati le parole della Madre e fissavano incantati colei che è al di là della nostra comprensione.

Più tardi Pai intonò il canto *Ammayennullora Ten Mori...*

Ammayennullora Ten Mori
Tra l'infinità di nomi esistenti
quale può equivalere
al nome dolce come il miele di Amma?
C'è forse un regno
degno di offrire rifugio ai miei pensieri
che non sia quello del Tuo amore?

O Madre, se abbandoni questo sventurato
che vaga sulle rive delle notti solitarie,
il giardino della mia mente
sarà la dimora di una pena infinita.

Madre, mio solo sostegno,
chi dunque se non Te
conosce le mie sofferenze più profonde?
A cosa serve meditare sui Tuoi piedi di loto
se noi, che Ti adoriamo,
dovessimo subire un destino ignobile?

O Luce infinita, Luce benedetta,
Ti prego, sfiorami
con il Tuo sguardo carezzevole.
Se lo farai,
la mia mente navigherà
sul fiume d'ambrosia della Beatitudine.

Capitolo 11

Una sera, durante un *Devi bhava*, Balu non riusciva a cantare perché aveva mal di gola. Andò quindi a sedersi nel tempio a meditare, ripetere il suo mantra e contemplare il volto radioso di Amma.

Saumya (Swamini Krishnamritaprana) sedeva accanto alla Madre e, come in ogni *bhava darshan*, l'assisteva. Inizialmente Gayatri e Saumya erano le uniche *brahmacharini* residenti nell'ashram. Prima di loro, furono le donne del villaggio a prendersi cura della Madre durante i primissimi *Krishna-bhava* e *Devi bhava*. Quando all'inizio del 1980 venne a vivere nell'ashram, Gayatri iniziò ad occuparsi delle necessità personali della Madre, servendola anche durante i suoi stati divini. Quest'ultimo compito fu poi svolto da Saumya quando si unì all'ashram alla fine del 1982.

A quel tempo Amma chiamava spesso un *brahmachari* a sedere alla sua sinistra durante il *Devi bhava*. Che momenti preziosi! Dopo averlo invitato al suo fianco, la Madre gli applicava della pasta di sandalo tra le sopracciglia. Questo tocco aveva un effetto meraviglioso sul *brahmachari*, che si sentiva inondare da una tale pace da entrare spontaneamente in meditazione profonda. Era questa una benedizione che Amma decideva deliberatamente di accordare. Il primo gruppo di *brahmachari* ebbe la grande fortuna di fare questa esperienza. C'erano volte in cui lei chiamava uno di loro e gli faceva appoggiare il capo sulle sue ginocchia. Egli aveva allora visioni meravigliose e altre esperienze spirituali. Poter sedere accanto alla Madre durante il *Devi bhava* era considerato un grande privilegio e una benedizione. Non era raro che lei offrisse tale opportunità a qualche devoto padre di famiglia.

Poiché questa circostanza era considerata una particolare manifestazione dell'amore della Madre, ogni *brahmachari* aspettava con trepidazione di venire chiamato. Ma fra i sei o sette *brahmachari* che a quel tempo vivevano all'ashram, Amma ne chiamava soltanto uno. A volte ignorava totalmente i *brahmachari* e chiamava un padre di famiglia. Quando gli altri si accorgevano che quella sera avevano perso questa opportunità, diventavano estremamente invidiosi verso chi era stato scelto. Con il tempo, Amma smise di chiamarli.

Il ricordo di quei primi tempi è ancora fresco e vivo tra i *brahmachari*. Le meditazioni profonde e spontanee che sperimentavano in quelle occasioni erano straordinarie. A volte la Madre rispondeva anche alle domande della persona che le stava accanto.

Quella sera Balu visse una di queste notti benedette.

Davanti al tempio cantavano con grande fervore i *bhajan*. Pai stava cantando *Oru Pidi Sneham*.

In cerca di un briciolo d'amore
ho rincorso le ombre,
e quando l'avevo quasi afferrato
l'amore mi è scivolato di mano.
O Madre, eccomi qui
ancora in cerca, o Madre.

Sferzato dalle onde del dolore
il mio cuore si è spezzato.
O Madre, dove dunque
quest'anima affranta
dovrà cercarTi?

Non T'importa,
o Madre, non T'importa?

Non dormirò più,
bevendo incessantemente
lacrime di dolore.
O Madre, abbi pietà di me,
affinché mi svegli
e possa trovarmi
ai Tuoi piedi di loto.

Balu era seduto vicino al muro, non lontano da Amma. Contemplando la sua forma mirabile, pensava: "Come sarebbe bello se la Madre mi invitasse a sedere al suo fianco!" Improvvisamente Amma lo guardò e con un sorriso lo invitò a sedersi accanto a lei. La gioia di Balu non conobbe limiti. L'idea che la Madre avesse risposto così velocemente alla sua preghiera lo rese estremamente aperto e ricettivo.

Senza perdere un istante il giovane si avvicinò e si sedette a terra accanto al *pitham* della Madre. Amma lo guardò con un sorriso smagliante e disse: "Amma sapeva quanto desiderassi sederle vicino". Mentre guardava il suo viso, Balu piangeva in silenzio. Vedendo le sue lacrime, Amma traboccò di compassione per questo suo figlio e posò la testa di Balu sulle sue ginocchia. Con il capo di Balu in grembo, continuò a dare il darshan ai devoti.

Si poteva udire la voce di Pai che cantava davanti al tempio il seguente *sloka* come introduzione al canto *Amritanandamayi stavamanjari:*

O Madre, mi prostro a Te,
essenza dell'Aum;
sei l'Infinito, l'Eterno,
l'Assoluto che brilla nel santuario del cuore dei saggi...

Effondi la gioia
sui discepoli perseveranti e sinceri
immersi in meditazione...

Instilli in loro
la fervida devozione
che nasce cantando con tutto il cuore
inni devozionali.

Sei la Madre
adorata dalle persone virtuose.

Balu sollevò il capo per guardare nuovamente il viso luminoso della Madre. Mentre lei gli lanciava uno sguardo pieno di compassione, lui disse: "Amma, ero con te in tutte le tue precedenti incarnazioni?"

La risposta della Madre

La Madre gli sorrise e rispose: "Figlio, sei sempre stato con Amma. Sappi che tutti quelli che adesso sono vicini ad Amma le erano vicini in tutte le sue precedenti incarnazioni. Perché altrimenti sentiresti un legame tanto forte e spontaneo con lei?"

"Amma, alcuni affermano che sia il Guru a scegliere i discepoli, altri dicono invece che siano i discepoli a scegliere il Guru. Quale di queste due affermazioni è corretta? Sei tu che mi hai scelto o sono io ad averti scelta? Ti ho trovata io o mi hai trovato tu? Potresti chiarirmi questo punto?" disse Balu.

La Madre rispose:

"Figlio, se Amma ti dicesse che è stata lei a sceglierti lo crederesti ciecamente, senza ombra di dubbio? No, Amma ne dubita. Forse in questo momento ci crederai, ma presto la mente solleverà obiezioni. Utilizzerà la legge di causa ed effetto e una volta scelta questa linea di pensiero comincerai ad analizzare ogni cosa e ti dirai: 'Dunque, Amma ha detto di essere stata lei a scegliermi. Ma se fosse così, un tale gesto dev'essere l'effetto di qualcosa. Quale sarà la causa? Saranno stati i miei meriti (*punya*) o le austerità intraprese (*tapas*).' Ragionare in tal modo permetterà pian piano all'ego d'intrufolarsi.

Un tale modo di pensare potrebbe sembrare molto logico, ma l'atteggiamento migliore per la tua crescita spirituale è questo: 'Dio mi ha scelto. Il Maestro mi ha scelto. Mi ero perso e lui mi ha trovato. Lui è tutto per me'".

"Otterrò la Realizzazione in questa vita o dovrò rinascere un'altra volta?" chiese ancora il giovane.

La Madre rispose:

"Figlio, sarai capace di focalizzare tutta la tua energia per dissolvere la mente e i suoi desideri in questa vita? Amma ti sarà sempre accanto, ti guiderà e ti terrà per mano. Ma sarai in grado di svolgere regolarmente e assiduamente la tua *sadhana* seguendo le indicazioni di Amma? Se ci riuscirai, Amma pensa che non dovrai rinascere.

Figlio, se eseguirai le tue pratiche spirituali esattamente come Amma ti indica, conseguirai la realizzazione del Sé in tre anni. Non c'è dubbio, Amma te lo assicura. Raggiunto questo stato, non ci sarà più ritorno. Perché questo accada, la mente deve scomparire, l'ego deve morire. Se ne rimanesse anche una semplice traccia, dovrai tornare".

Balu replicò: "Amma, non ho paura di ritornare. Desidero soltanto restare con te, anche se dovessi rinascere innumerevoli volte!"

La Madre rispose: "Figlio, se sei realmente assieme ad Amma in questa vita sarai per sempre con lei in tutte le sue future incarnazioni. Non dubitarne".

"Amma, cosa intendi con 'se sei realmente assieme ad Amma'? Ora non sono forse con te?" domandò il *brahmachari*.

La Madre disse:

"'Essere realmente con Amma' significa ubbidirle incondizionatamente. Stare alla sua presenza inconsapevoli dei principi spirituali che lei incarna non è essere realmente con lei, ma dimenticarla. Ricordare veramente Amma consiste nell'obbedire alle sue parole, comprenderne il significato spirituale e metterle in pratica. Ad ogni modo, il processo di purificazione accade spontaneamente accanto a un *Mahatma*".

Guardando la Madre, Balu disse: "Amma, un'ultima preghiera. Benedicimi affinché io possa sempre dimorare nella tua Divina Presenza".

La Madre intinse la punta dell'indice in una ciotolina contenente pasta di sandalo e poi la premette nel punto tra le sopracciglia del giovane. Balu si sentì inondare di beatitudine, chiuse gli occhi e, mentre la Madre continuava a tenere premuto l'indice contro il suo terzo occhio, entrò in uno stato di profonda meditazione.

I *brahmachari* cantavano il canto *Brahmanda Paksikal*...

O Madre, albero glorioso della Conoscenza,
verso cui le galassie si dirigono
come stormi di uccelli.
Prima che pervenga a Te
attraverso la conoscenza del Sé,
lascia che io possa crescere alla Tua ombra.

O Madre di supremo Potere,
Ti adoro sapendo
che il cielo azzurro è il Tuo capo,
la terra i tuoi Piedi,
e lo spazio intero il Tuo corpo.

O Madre,
la Tua gloria è esaltata in tutte le religioni,
sei l'Essenza dei quattro Veda
e la dimora ultima
in cui si dissolvono i nomi e le forme.
In tutta umiltà
mi prostro a Te.

Alla fine del *Devi bhava* la Madre chiamò per il darshan Dattan, il lebbroso. Il modo in cui Amma si prendeva cura di lui era commovente e allo stesso tempo ispirava sacro timore. L'uomo ricevette da lei più tempo e attenzione di chiunque altro.

Dattan si avvicinò ad Amma e si prostrò interamente ai suoi piedi. La Madre lo fece rialzare e gli mise il capo sul suo grembo. Dopo un po' gli spostò dolcemente la testa, l'appoggiò sulla spalla e poi iniziò a leccargli le piaghe purulente. È difficile immaginare un gesto di così estrema compassione. Per quelli che vi assistettero, fu una scena raccapricciante e al tempo stesso profondamente toccante. Un devoto svenne e lo si dovette portare fuori dal tempio. La Madre chiese allora a tutti di uscire. Quello che lei fece in seguito fu impressionante: Amma chiese a Dattan di chinare la testa e, tenendola tra le mani, incise con i denti la piaga purulenta che aveva sulla fronte. Ne succhiò il sangue e il pus e li sputò in una bacinella che Saumya teneva vicino a lei. Ripeté questo gesto diverse volte. Infine prese della cenere sacra che applicò su tutto il corpo del lebbroso. Lo abbracciò ancora una volta con immenso affetto e poi uscì dal tempio per lanciare sui devoti manciate di fiori. Il *Devi bhava* era terminato.

Dattan è completamente guarito dalla lebbra, l'unico rimedio al suo male è stata la saliva della Madre. Tutte le piaghe sono guarite, solo le cicatrici rimangono visibili sul suo corpo.

Capitolo 12

Non è un mio diritto, bensì la sua grazia

Era il giorno seguente al *Devi bhava* e quindi l'ashram era meno affollato. Di fronte alla sala di meditazione, Balu, Venu, Ramakrishnan, Rao, Srikumar e Pai[12] erano seduti attorno alla Madre, che era appena scesa dalla sua stanza. Balu colse l'occasione per fare una domanda e disse: "Amma, durante il *Devi bhava* di ieri sera ti ho chiesto se è il discepolo a scegliere il Maestro o viceversa e tu mi hai risposto che l'atteggiamento migliore per la crescita spirituale di un discepolo è: 'Dio mi ha scelto', oppure 'il mio Maestro mi ha scelto'. Puoi approfondire questo argomento?"

La Madre rispose:

"Figlio, pensare di essere stato tu a scegliere il Maestro rafforza l'ego. Non puoi scegliere un *Satguru* a meno che questa non sia la sua volontà. Sarebbe arrogante pensare: 'Io ho scelto il mio Maestro'. Se così fosse, potresti anche decidere di abbandonarlo quando vuoi. Ma come puoi scegliere il tuo Maestro quando lui è completamente al di là della tua capacità di comprensione? Prima

---

12 Balu è oggi conosciuto con il nome di Swami Amritaswarupananda. Gli altri discepoli che hanno un nome monastico sono: Venu (Swami Pranavamritananda), Ramakrishnan (Swami Ramakrishnananda), Rao (Swami Amritatmananda), Srikumar (Swami Purnamritananda) e Pai (Swami Amritamayananda).

di accettare o di rifiutare qualcosa, devi valutare se è positiva o negativa per te. La scegli soltanto se ti va bene. Potresti anche usarla per un po' per poi sbarazzartene quando preferisci. Questo genere di scelta implica una fase di riflessione prima di agire. Ma quando un discepolo s'innamora a prima vista del Maestro, ciò che avviene è al di là di ogni ragionamento. L'attrazione spirituale che il Maestro esercita su di lui è tale che il discepolo si affida completamente. Pensare ostacola il vero amore e l'abbandono di sé.

Il Maestro non è un individuo limitato ma è il tuo stesso Sé, il Sé di ogni cosa, ed è infinito.

Come potrebbe un fiume scegliere l'oceano? Il fiume scorre verso di lui, non ha altra scelta. E questo accade a tutti i corsi d'acqua che confluiscono inevitabilmente nell'oceano. La forza di attrazione dell'oceano è così travolgente che non possono fare altrimenti.

Pertanto anche tu sei inevitabilmente attirato verso il Maestro supremo. Attratto dal suo potere infinito, vai verso di lui. Questo potere preclude ogni tua decisione e appartiene solo al Maestro; è frutto della sua grazia, sulla quale non puoi avanzare nessun diritto.

Sei come una limatura di ferro attratta inesorabilmente dalla potentissima calamita che è la gloria spirituale del Maestro. Una limatura di ferro non ha scelta: una volta entrata nel campo magnetico della calamita non può più scegliere se rimanere o andarsene. Attirata dalla calamita, deve muoversi verso di lei. L'attrazione che il Maestro supremo esercita su di te non ti lascia possibilità di scelta, non puoi resistervi. Semplicemente accade.

Il Maestro ti toglie dalla melma e ti eleva allo stato in cui dimora. Perciò il giusto atteggiamento da tenere è: 'Non sono io ad averlo scelto, ma lui ad avere scelto me'. Eppure, anche questo modo di pensare è pericoloso perché potrebbe sorgere questo pensiero: 'Sono stato scelto e quindi devo avere qualcosa di speciale'.

Questa idea è pericolosa perché rischia d'indurti a dimenticare il ruolo svolto dalla grazia del Maestro. Potresti ritenere che, essendo stato scelto da lui, è tuo diritto sacrosanto essere suo discepolo. Un tale modo di pensare potrebbe facilmente rafforzare il tuo ego, e l'ego di una persona spirituale è molto più 'sottile' di chi vive una vita mondana.

È molto meglio ragionare così: 'Se sono qui vicino al Maestro è merito della sua grazia. Non è un mio diritto. È stato lui a trovarmi. Ero totalmente impotente, smarrito e disperato, e se adesso mi trovo qui è solo in virtù della sua grazia e della sua compassione. Benché non abbia alcun merito, lui mi inonda ugualmente di grazia divina'. Questo atteggiamento ci rende umili e ci aiuta a sradicare l'ego. È estremamente importante mantenere sempre questa consapevolezza perché la mente e la forza di attrazione delle *vasana* sono molto forti ed è quindi facile soccombere e dimenticare il ruolo della grazia del Maestro. Diventare umili è il vero obiettivo della vita spirituale. L'umiltà è l'unico cammino che porta a Dio. Avere l'impressione di essere stati scelti dal Maestro potrebbe indurti a pensare: 'Con tutta la gente che c'è nel mondo, il Maestro ha scelto proprio *me*. Devo aver acquisito tanti meriti o molto potere spirituale nella mia vita precedente ed è per questo che mi ha preferito ad altri. In questo mondo non c'è nessuno all'infuori di me che possa svolgere il mio compito. Il Maestro voleva me ed è per questo che sono qui'.

Tali idee possono impossessarsi di te e in poco tempo renderti peggiore di chiunque altro. Il tuo ego assumerà proporzioni enormi e questo è pericolosissimo; un tale atteggiamento ti spingerà a sentirti importante e la tua personalità verrà distorta dall'ego. Un devoto o discepolo sincero è dotato di grande umiltà, che gli conferisce bellezza spirituale. La bellezza della spiritualità risiede nell'umiltà.

Il Maestro ti ha scelto per salvarti e dovresti considerare questo gesto come un dono che in realtà non meriteresti. Non è un tuo diritto, ma è frutto della sua grazia e benedizione. Se non hai questo atteggiamento, l'ego si insinuerà di nuovo in te a tua insaputa.

Bisogna essere umili e pensare: 'Io non sono nulla, Tu sei Tutto'. Per divenire il Tutto, devi prendere coscienza della tua nullità. Finché penserai di essere qualcuno, non sarai nulla".

Attenti all'ego sottile

Qualcuno fece questa domanda: "Amma, hai appena detto che l'ego di una persona spirituale è molto sottile e che può farci ricadere nel mondo. Puoi spiegarlo meglio?"

La Madre rispose:

"Figli, il solo pensiero: 'Io sono una persona spirituale, un essere spiritualmente evoluto', oppure 'Io sono un rinunciante', può essere di grande intralcio al vostro cammino spirituale. Anche tali idee provengono dall'ego, un ego più sottile. Potreste pensare: 'Io sono migliore perché ho rinunciato a tutto. Guarda quelle persone mondane ancora impantanate nella palude del materialismo! Come sono ignoranti!' Potreste credere che chi vive nel mondo sia inferiore a voi. Tali idee sono segno di immaturità spirituale e mostrano la vostra ignoranza. Probabilmente chi vive nel mondo è nell'ignoranza, ma non è sul cammino spirituale; invece voi, che si presume lo stiate percorrendo, siete ancora spiritualmente ignoranti! Questo genere di pensieri sorge dall'ego e va sradicato. Se avete come guida un vero Maestro, è impossibile che abbiate un tale orgoglio. Il Maestro se ne accorgerebbe subito e lo eliminerebbe. Un ego sottile è molto più potente e difficile da rimuovere.

Una persona mondana è fiera dei suoi successi e desidera farne sfoggio. Il suo ego nasce dall'attaccamento agli oggetti del mondo.

Avrà una magnifica e confortevole dimora a cui è attaccata e di cui vantarsi, ottimo cibo per il suo ego. Sarà anche orgogliosa del proprio potere, della propria ricchezza e della sua reputazione e li esibirà pavoneggiandosi. Il suo ego è tangibile, persino il suo modo di muoversi e di parlare esprime un certo orgoglio. Più avete ricchezze e potere, più l'ego sarà forte. Che siate ricchi o poveri, l'ego c'è sempre; cambia solo l'intensità con cui si manifesta.

Oltretutto, più pensieri avete e più aumenta l'ego, ed è per questo che gli studiosi, i pensatori e gli oratori sono spesso più egocentrici degli altri. Quelli che occupano una posizione elevata nella società sono spesso molto egocentrici, a meno che non coltivino un atteggiamento mentale di abbandono. Queste persone sono abituate a ricevere elogi per la loro straordinaria opera. In genere, più si è celebri e più si è egocentrici, perché l'ego si nutre di riconoscimenti. Questo è ciò che accade a molte persone di successo. È facile notare il loro ego, che traspare dalle loro parole e azioni; trabocca talmente che non è possibile dissimularlo. Esistono anche individui che, sebbene siano famosi e onorati, rimangono umili, ma sono rare eccezioni.

È piuttosto naturale che quelli che conducono una vita materialistica sviluppino un ego importante; sono giustificabili, essendo privi della necessaria comprensione spirituale. Ben diverso è il caso di coloro che hanno votato la propria vita alla spiritualità, rendendola un modo di vivere. Ci si aspetta che siano umili e senza nessun ego.

Purtroppo può accadere che un aspirante spirituale impari a dissimulare il proprio ego e finga di essere molto umile. Consapevole che non gli è permesso rivelarlo e che se lo facesse risulterebbe sgradito, cerca di non mostrarlo. Anche nel mondo si può presentare una situazione simile, ma con una differenza: una volta che siete stati riconosciuti come esperti nel vostro campo, la nazione ha bisogno di voi e quindi siete liberi di manifestare il vostro ego. Potete parlare e agire mossi dall'ego perché le vostre qualifiche vi proteggono e i vostri superiori non potranno licenziarvi, a meno che non trovino un sostituto altrettanto valido. Ma nella vita spirituale non è così: l'umiltà, l'assenza di ego e la saggezza che esprimete sono segno del vostro progresso spirituale.

Se una persona cosiddetta spirituale si comporta molto egoisticamente perderà il rispetto degli altri e acquisirà una cattiva reputazione all'interno della comunità spirituale. Sapendolo, imparerà a mascherare la collera e le altre tendenze negative e agirà e si atteggerà a persona spiritualmente matura. L'ego diventa allora molto mentale e sottile. Quando viene espresso è a livello grossolano, ma quando lo si nasconde deliberatamente all'interno e ci si comporta esteriormente in modo differente, l'ego diviene estremamente sottile e pericoloso.

Manifestate pure il vostro ego: forse avrà degli effetti negativi, ma perlomeno non indurrà le persone in errore e quindi farete meno male. La gente capirà che siete egoisti e che probabilmente in voi dimora molta collera, rancore e altri sentimenti negativi. Farà dunque attenzione e se necessario manterrà le distanze. Ma cosa accade se imparate a nascondere abilmente il vostro ego e fingete di essere uno yogi? Le persone saranno vittime di un'illusione, di un abbaglio. Una tale ipocrisia non durerà comunque a lungo e ben presto l'ego verrà smascherato. Prima o poi ciò che si cela all'interno uscirà, malgrado gli sforzi per camuffarlo. È solo questione di tempo.

Potremmo paragonare questa situazione al comportamento di una suocera nei confronti di una nuova nuora[13]. All'inizio colmerà la moglie del figlio di amore e di attenzioni e non le permetterà di cucinare, sbrigare le faccende domestiche o lavorare fuori casa, come se la giovane fosse una pietra preziosa che potrebbe

[13] In India è tradizione che gli sposi vadano a vivere nella famiglia del marito.

logorarsi con l'uso. Le dirà: 'Figlia mia, non pensare neppure di fare quei lavori! In casa ci sono così tante persone che possono svolgerli. Siediti e rilassati'. Nell'ascoltare queste parole, la sposa del figlio maggiore sorride dentro di sé: sa per esperienza che si tratta solo di una commedia e che la suocera rivelerà ben presto la sua vera natura. Ed è esattamente ciò che accade. Dopo una o due settimane, questa donna che fino ad allora si era comportata affettuosamente e premurosamente con la nuova nuora, le griderà: 'Ehi tu, specie di fannullona! Pensi di essere la regina di questa casa? Noi non siamo i tuoi servi, vai a pulire la cucina!' Queste scene sono piuttosto comuni nelle famiglie indiane, anche se a volte può accadere il contrario e la famiglia del marito diventa vittima della nuora. Durante le prime settimane la nuora è amabile e gentile, poi la sua vera natura affiora.

Ecco cosa succede quando le persone nascondono il proprio ego per ottenere il favore degli altri e poi dominarli. Riescono a dissimularlo momentaneamente, ma dopo poco l'ego si manifesta e la loro vera natura prende il sopravvento.

Chi indossa la maschera di una persona spiritualmente evoluta non è consapevole di quanto male stia causando. Conduce gli altri fuori strada e va verso la sua stessa rovina. Forse ingannerà molte persone sincere che, quando si renderanno conto del loro errore, perderanno la fede, guarderanno con sospetto tutto ciò che ha attinenza con la spiritualità e non si fideranno neppure dei veri maestri. Pensate al danno enorme che questa sedicente guida spirituale provoca alla società e all'umanità intera. L'ego di un tale individuo è molto sottile e difficile da eliminare. Crede di essere grande e questo suo sentimento è naturale perché è orgoglioso della folla che assiste ai suoi discorsi e degli elogi che riceve. La gente gli dice: 'Lei è un pozzo di sapienza! Com'è eloquente! E che bella presenza!' Tutte queste lodi e ossequi lo convincono di essere davvero importante e, man mano che questo pensiero si radica in lui, diventa più profondo. Impara a dissimulare l'ego e finge di avere un animo nobile. Quello che però si cela all'interno non tarda a manifestarsi e una tale persona finisce per cadere facilmente in qualche trappola o per agire scioccamente".

La Madre ebbra di beatitudine

Il cielo era nuvoloso e minacciava pioggia. Il suono della risacca dell'oceano divenne sempre più forte e cominciò a soffiare un vento freddo. La Madre guardò il cielo e immediatamente entrò in uno stato di profonda estasi. Adesso il sole era completamente coperto da nuvoloni neri. Erano solo le undici e trenta del mattino, ma sembrava che fosse il crepuscolo. Presto cominciò a piovigginare. Gayatri arrivò con un ombrello per riparare la Madre. I *brahmachari* non si mossero e rimasero seduti accanto alla Madre sotto la pioggia. In pochi secondi si scatenò il diluvio, ma Amma continuò a restare seduta, contemplando il cielo.

Dopo qualche minuto si alzò, si diresse verso la pioggia e poi si mise a danzare come una bambina. Saltellava e danzava facendo dei cerchi, fermandosi ogni tanto per rivolgere il viso alla pioggia. Aveva le braccia tese e i palmi verso il cielo, come a voler afferrare le gocce di pioggia con le mani. I residenti si tenevano a pochi metri guardando questa scena magnifica.

Ora Amma era completamente fradicia. Impotente, Gayatri le stava accanto con l'ombrello chiuso. Improvvisamente la Madre unì le mani sopra il capo e si mise a girare su se stessa descrivendo dei cerchi e recitando i versi seguenti:

Anandam Saccitanandam
Anandam Paramanandam
Anandam Saccitanandam
Anandam Brahmanandam

La Beatitudine della pura Esistenza- Coscienza,
la Beatitudine della suprema Beatitudine,
la Beatitudine della pura Esistenza- Coscienza,
la Beatitudine dell'assoluta beatitudine del Brahman.

Dopo aver finito di parlare, continuò ancora a lungo a girare su se stessa con i palmi uniti sopra il capo e gli occhi chiusi. Trasportata in un altro mondo, sembrava non avere nessuna coscienza del corpo. Il suo volto incantevole era raggiante. Seguitò a danzare, sempre con un sorriso magnifico e divino sulle labbra, mentre la pioggia cadeva sulla sua cascata di capelli neri e scendeva in rivoli lungo le guance.

Nessuno sapeva cosa fare. Qualcuno suggerì di portare la Madre al riparo, ma Nealu pensava che non si dovesse toccarla mentre era in quello stato di beatitudine. Mentre discutevano sul da farsi, la Madre smise a poco a poco di danzare e si sdraiò a terra, nel pantano. Distesa immobile sotto la pioggia, il suo viso continuava a irradiare la stessa luce divina.

Pioveva ancora a dirotto e i residenti erano sempre più inquieti. Gayatri era seduta nel fango accanto ad Amma, cercando di ripararla con l'ombrello, e insisteva nel volerla portare in camera. Alla fine tutti furono d'accordo con lei e seguirono le sue istruzioni.

Quando Amma fu nella sua stanza, Gayatri chiese ai presenti di uscire in modo che potesse far indossare alla Madre degli abiti asciutti. Tutti uscirono immediatamente e la porta venne chiusa. La Madre rimase ancora a lungo in *samadhi*.

Cosa si può dire di una personalità così misteriosa che un momento prima si mostra come un grande Maestro, un momento dopo è come un bambino innocente e dopo pochi istanti scivola nuovamente nello stato più elevato di *samadhi*?

"Costantemente assorto in Brahman, affrancato dal senso di realtà degli oggetti esterni, solo apparentemente assaporando ciò che gli viene offerto, comportandosi come un individuo semi-addormentato o un bambino, percependo il mondo come qualcosa che si vede in sogno e riconoscendolo sporadicamente: è davvero molto raro incontrare un tale essere. Egli gusta il frutto di innumerevoli meriti e riceve molte benedizioni e onori sulla Terra".

Vivekachudamani

Capitolo 13

Il Divino non può essere simulato – La storia di Paundra Vasudeva

La Madre sedeva nella piccola stanza adibita a biblioteca. Qualcuno pose di nuovo la domanda sulla sottigliezza dell'ego spirituale. Un *brahmachari* chiese: "Amma, ieri, quando parlavi dell'ego sottile delle persone spirituali, hai detto che a volte costoro si comportano in maniera insensata. Come possono arrivare a tanto?"

La Madre disse:

"Figli, perché no? Talvolta, quando la gente è accecata dal desiderio di essere famosa o ammirata dagli altri può comportarsi scioccamente, perché quando la mente è ossessionata da un'idea perde la facoltà del discernimento e la sua lucidità, e in tal modo è facile essere manipolati. La brama di riconoscimento, ammirazione e lode per la propria grandezza, vi toglie ogni spontaneità e naturalezza. Potreste iniziare a credere a quello che si dice di voi e a pensare che, se non vi comportate secondo le aspettative delle persone, non godrete più della loro stima. Finite quindi per agire in modo insensato. Siete talmente ipnotizzati dall'ammirazione degli altri da non riuscire neppure ad ascoltare un ottimo consiglio perché siete incapaci di guardare in faccia la verità.

Figli, conoscete la storia di Paundra Vasudeva, che fingeva di essere Sri Krishna? Quando il Signore Krishna regnava su Dvaraka, Paundra Vasudeva era il re di un Paese chiamato Karurusha. Paundra era molto fiero della sua carica e desiderava ardentemente essere venerato dai suoi sudditi. Sia lui che il re di Kashi erano nemici di Sri Krishna e invidiavano la fama e il modo in cui la gente Lo adorava e Lo onorava. Avido di fama e di prestigio, Paundra tramò contro il Signore, aiutato dal re di Kashi. Entrambi fecero un proclama annunciando che il Krishna che viveva a Dvaraka era solo un impostore e non la vera incarnazione del Signore Vishnu e che il vero Krishna, l'incarnazione autentica di Vishnu, era lo stesso Paundra.

Quando la gente udì questa dichiarazione disse che, se Paundra fosse stato davvero l'incarnazione di Vishnu, avrebbe dovuto tenere nelle sue quattro mani divine gli emblemi sacri, ovvero la conchiglia, il disco, la mazza e il fiore di loto. A queste parole, il re - che stava convincendosi di essere il Signore Vishnu - cominciò talvolta a mostrarsi pubblicamente con quattro braccia come il Signore Vishnu, legando due braccia di legno alle spalle. Si assicurò inoltre che ognuna delle quattro mani recasse uno dei simboli sacri. Era talmente ossessionato da questa idea che si fece costruire un Garuda di legno[14].

Sfortunatamente questa aquila di legno non poteva volare e così la installò in cima al carro regale. Paundra chiese alla moglie di adornarsi come la dea Lakshmi, ed entrambi fecero il giro della città dall'alto del loro seggio che sovrastava il Garuda di legno. Paundra divenne lo zimbello di tutto il Paese e naturalmente molti pensarono che avesse perso la ragione.

La spudorata dichiarazione di Paundra che proclamava la propria gloria, irritò enormemente quei sudditi devoti a Krishna che però non osavano criticare apertamente il loro re. Decisero quindi di prendersi gioco di lui quando lo vedevano su quel carro molto particolare, e commentavano così la scena: 'Oh, il nostro

[14] Garuda è l'aquila divina, la cavalcatura di Vishnu (*vahana*).

sovrano somiglia in tutto e per tutto a Krishna! Dovrebbe anche indossare una corona adorna di una piuma di pavone e tenere fra le sue splendide mani un flauto. Come sarebbe incantevole se il suo corpo fosse blu scuro! In effetti, dovrebbe chiedere al falso Krishna di Dvaraka tutte le sue armi divine. Quel Krishna non ha diritto di possederle, dopotutto non gli appartengono perché il legittimo proprietario è il nostro re, il grande Paundra Vasudeva'.

Dovunque andasse, Paundra udiva queste frasi e anche i suoi congiunti, la famiglia reale e i cortigiani cominciarono a unirsi a tali considerazioni. Il sovrano finì per essere talmente influenzato da ciò che udiva da farsi dipingere il corpo di blu e vestirsi come Krishna. Camminava indossando una veste simile a quella di Krishna e teneva in mano un flauto, anche se non sapeva suonarlo. A poco a poco cominciò a convincersi di essere davvero Krishna o Vishnu. A volte era l'uno, a volte l'altro.

Ma la farsa non era ancora finita. Considerando una verità sacrosanta le parole dei suoi sudditi, decise di impossessarsi delle armi di Krishna e quindi inviò a Dvaraka un messaggio in cui si diceva: 'Bovaro, tu sei solo un usurpatore. Rendimi le armi divine, compreso il disco divino, che appartengono di diritto a me, il vero Krishna, la vera incarnazione del signore Vishnu, oppure preparati a morire in battaglia'.

Dopo aver ascoltato questo messaggio, Krishna rispose: 'D'accordo, ma vorrei restituire personalmente queste armi. Di' al re Paundra di venire a riprenderle'. Il Signore Krishna intendeva dare una bella lezione a questo pazzo.

Paundra arrivò vestito come il Signore Vishnu e accompagnato dal suo esercito, pronto a combattere se fosse stato necessario. Krishna lo stava aspettando. Non appena lo vide, Paundra gridò a squarciagola: 'Ehi tu, imbroglione, non cercare d'ingannarmi con i tuoi trucchi! Consegnami subito il disco e le armi divine oppure preparati a morire'. Nella battaglia che seguì, Krishna sgominò l'esercito di Paundra. Mentre reggeva con l'indice il disco divino, Krishna esclamò con un sorriso birichino: 'Paundra, sono qui solo per consegnarti questo disco. Eccolo. Prendilo, è tuo!' E poi lo lanciò. Potete ben immaginare cosa accadde: il disco staccò di netto la testa di Paundra, che crollò esanime al suolo. Krishna, il Maestro perfetto, distrusse così la folle autoglorificazione e sete di fama del re, liberandolo dall'ego che si era lui stesso costruito".

Alcuni le chiesero: "Questo significa che solo un Maestro perfetto che ha trasceso la mente e l'ego può liberarci dalle grinfie dell'ego più sottile?"

La Madre rispose:

"Proprio così. Per distruggere l'ego più sottile occorre un'arma estremamente potente come il disco divino. Ma solo un Perfetto Maestro la possiede. È l'arma della Conoscenza, dell'onniscienza e dell'onnipresenza del *Satguru*.

Chi cerca a tutti i costi la gloria, il potere e il prestigio ambisce a impadronirsi di tutto ciò che esiste nel mondo. Nella sua follia potrebbe arrivare ad affermare: 'Io sono il più grande e perciò ho diritto a tutto'. Il desiderio di potere e la sua autoglorificazione oscurano la mente e gli tolgono la facoltà del discernimento.

Quelli che si lasciano accecare in tal modo si dimenticheranno probabilmente di Dio. Nella loro folle corsa per ottenere il rispetto e l'ammirazione degli altri potrebbero arrivare a sfidare Dio stesso. Quando questo accade, è segno che stanno per essere smascherati.

Non è possibile simulare né plagiare il Divino. L'amore divino e le altre qualità divine sono inimitabili".

Capitolo 14

Quella sera si celebrava solennemente in tutto il Kerala la grande festa di Tiruvatira. In India si considerano il Signore Shiva e la dea Parvati, la Sua consorte, come il Padre e la Madre dell'universo. In questa giornata le mogli digiunano e pregano per i loro mariti. La tradizione vuole anche che trascorrano la notte vegliando, pregando e cantando la gloria di Shiva e Parvati.

Un gruppo di donne anziane del villaggio e di residenti dell'ashram avevano formato un cerchio nel cortile davanti al tempio e stavano per dare inizio alla festa eseguendo il *Tiruvatirakali*, un'antica e tradizionale danza femminile del Kerala.

Tutti i residenti dell'ashram erano seduti davanti al tempio. La Madre sedeva sotto l'albero dell'henné, circondata da una dozzina di bambini. Alcuni di loro abitavano nel villaggio, altri erano figli di devoti. La Madre era di umore giocoso: attorno a lei si susseguivano le risa e la conversazione era animata. La maggior parte degli sguardi era rivolta a lei e non alla danza. Ciò nonostante, sebbene fosse il fulcro dell'interesse generale, nessuno osava avvicinarsi ad Amma per non disturbare la bellissima scena che si svolgeva tra lei e i bambini. Istintivamente tutti si tenevano a rispettosa distanza.

Le donne più anziane cominciarono a danzare e a cantare *Thirukathakal padam nyan...*

O dea Durga, o Kali,
liberami da questo destino infausto.
Ogni giorno T'imploro
di accordarmi la visione della Tua forma!

Concedimi di celebrare le Tue gesta divine
e accordami questa grazia:
quando canto la Tua gloria,
Ti prego, vieni nel mio cuore!

O essenza dei Veda,
non so come meditare
e la mia musica non è melodiosa.
Abbi pietà di me
e inondami di beatitudine.

Sei Gayatri,
la Gloria e la Liberazione,
Katyayani, Haimavati e Kakshyani,[15]
il cuore stesso della Realizzazione
e il mio solo rifugio.

O Devi,
concedimi la facoltà
di esporre i princìpi fondamentali.
So che senza Te, incarnazione dell'universo,
Shiva, il principio causale,
cesserebbe di esistere.

---

[15] Nomi della Devi.

Questo è "Quello"

Il ritmo del canto si fece più veloce e la Madre si alzò e si unì alle donne che danzavano. Pareva euforica e al tempo stesso immersa in un'estasi sacra. L'espressione innocente che illuminava il suo volto la faceva assomigliare ad una bimba divina fra le danzatrici, colme di gioia per avere Amma con loro.

Ad un certo punto, due danzatrici che si trovavano una di fronte all'altra fecero coppia e ciascuna cominciò a battere i palmi delle mani dell'altra. Trasportata in un altro mondo, la Madre continuava a danzare alla sua maniera, inebriata; gli occhi erano chiusi e le mani formavano dei *mudra* divini. Dopo aver ballato per un po' con il gruppo, la Madre si mise al centro del cerchio e seguitò a danzare rapita, mentre i devoti cantavano inni di gloria a Parvati.

Infine la Madre si fermò. Uno splendore divino avvolgeva la sua figura e irradiava il suo volto. Il suo aspetto era identico a quello che assumeva nel *Devi bhava*. Era evidente che fosse ancora in estasi. Le danze continuarono e i devoti intonarono canti finché Amma si sedette per terra, inebriata.

I devoti avevano la forte sensazione che lei fosse nel *bhava* della dea Parvati. Chi può saperlo? Forse stava manifestando quello stato a loro beneficio. Per un'anima unita con il *Brahman* supremo, nulla è impossibile; una tale persona può manifestare a suo piacimento qualunque aspetto del Divino, in qualsiasi momento.

Quando infine la Madre tornò allo stato ordinario di coscienza, un devoto le chiese: "Amma, avevamo la sensazione che fossi nel *bhava* della dea Parvati". Indicando prima se stessa e poi il cielo, la Madre rispose: "Questo è Quello", e poi aggiunse: "Che sia evidente oppure no, questo è Quello. Non cadete nell'errore di ritenere che questo sia il corpo: il corpo è solo l'involucro; al suo interno, c'è l'infinito".

L'espressione imperscrutabile del volto e le sue parole sembravano scaturire dal piano di coscienza più alto. Si poteva intuire che, seppur indirettamente, la Madre stava affermando di trovarsi nel *bhava* della dea Parvati. Questa dichiarazione era così profonda e incisiva da toccare i più intimi recessi dei cuori dei presenti.

L'importanza delle qualità femminili in un ricercatore

Trascorsero alcuni minuti di silenzio e poi un devoto in visita all'ashram non resistette alla tentazione di porle una domanda: "Amma, ho sentito dire che esistono due tipi di discepoli: quelli in cui prevale l'intelletto e quelli la cui natura è più femminile. Non credo di aver capito bene il significato di questa frase. Potresti cortesemente chiarirmi questo punto?"

La Madre rispose:

"Non è possibile conseguire la realizzazione spirituale senza l'amore, la devozione e un'apertura interiore che permettono di ricevere la vera conoscenza impartita da un Maestro autentico. Chi per natura è più intellettuale deve quindi sforzarsi di creare un equilibrio tra l'intelletto e il cuore. È necessario che costui nutra immenso amore per il Maestro, unito a un'adeguata comprensione della natura onnisciente del Guru.

L'uso eccessivo dell'intelletto rischia di porvi in una condizione di squilibrio e consolidare il vostro egocentrismo. L'intelletto è retto dalla ragione e può soltanto analizzare e scomporre le cose, non sa come unirle; non vi aiuterà a coltivare la fede e l'amore, elementi indispensabili per la crescita interiore. Sarebbe meglio per un aspirante non dare troppo spazio all'intelletto perché esso potrebbe minare l'amore e la devozione per il Maestro. Se nel discepolo manca l'amore e un atteggiamento di umiltà, il Maestro non può trasmettere la vera conoscenza.

È difficile disciplinare un aspirante molto intellettuale. Solo un Maestro onnipotente può svolgere questo compito, solo un

Satguru è in grado di frantumare l'ego del discepolo permettendo così alla vera essenza, alla reale natura del discepolo, di emergere. Quest'ultimo avrà sempre un'indole intellettuale, ma interiormente proverà profonda devozione e ci sarà un perfetto equilibrio tra questi due aspetti del suo essere.

Una volta che il Guru ha operato sull'ego del discepolo, costui diventa utile al mondo. Quando le sue qualità sono state raffinate e temprate, il discepolo può, per grazia del Maestro, controllare l'ego.

Quando, per grazia del guru, l'ego è perfettamente soggiogato, il discepolo agirà in nome del Maestro, che compirà la sua opera attraverso di lui. Non ritenendosi più l'autore delle proprie azioni, il discepolo avrà questo atteggiamento: 'Non sono che uno strumento, il mio onnipotente Maestro agisce attraverso di me' e attribuirà tutto il suo operato al Guru. Al tempo stesso sarà dotato di uno spirito avventuroso, di un coraggio enorme e della capacità di affrontare imprese apparentemente impossibili, che porterà a termine con successo.

Solo un *Satguru* può compiere quest'opera di cesellatura, forgiatura e ristrutturazione dell'ego del discepolo. Se quest'ultimo viene lasciato a se stesso o è guidato da un Guru imperfetto non farà che aggravare il suo stato di squilibrio, con ripercussioni negative sugli altri e su tutta la società. Ben presto cercherà di diventare un guru e lo si potrà vedere intento a formare un proprio gruppo di discepoli e a fondare un suo ashram.

Hanuman, il grande devoto del Signore Rama, esemplifica lo splendido connubio tra qualità maschili e femminili. Hanuman svolgeva ogni cosa in nome di Rama, il suo amato Signore, senza attribuirsi nessun merito. Pur portando a termine imprese straordinarie, non si sentì mai fiero delle sue gesta, ma rimase sempre l'umile e obbediente servitore del suo Maestro, il Signore Rama. 'Tutto ciò che è accaduto non è merito del mio potere e della mia forza, ma solo della grazia del Signore Rama': questo fu sempre l'atteggiamento di Hanuman.

I discepoli dotati di una natura prevalentemente femminile si comportano molto diversamente da quelli che hanno un'indole intellettuale: non amano mostrarsi in pubblico, tenere discorsi né desiderano ricevere attenzioni od onori e non ambiscono neppure a realizzare il Sé perché il loro unico desiderio è restare alla presenza fisica del Maestro e servirlo. Questo è il loro *tapas*, e non conoscono una disciplina spirituale che gli sia superiore. Per loro, non esiste verità più alta del Maestro. 'Il mio Maestro, il mio mondo, il mio tutto': questo è il loro atteggiamento. Il cuore di un tale discepolo è colmo d'amore e di attaccamento per il proprio Guru. Non è possibile spiegare con la logica o la ragione un tale tipo di rapporto, paragonabile soltanto all'amore delle *gopi* per Krishna: amore, amore, amore e soltanto amore. Amore traboccante. Tutto qui. Solo questo sentimento occupava la loro mente".

La Madre si mise poi a raccontare la storia di uno dei discepoli di Buddha.

"Un giorno, uno dei discepoli scomparve all'improvviso. Sembrava essersi volatilizzato. Trascorsero sette giorni senza che nessuno sapesse dov'era. Un giorno Buddha lo trovò sdraiato sul tetto dell'ashram. Buddha sapeva che era lì e che aveva raggiunto l'illuminazione. Prendendogli la mano, disse: 'So che hai raggiunto il *nirvana*'.

Il discepolo rispose: 'Mio amato Maestro, sono consapevole di avere raggiunto questo stato, non mi occorre una tua conferma. A dire il vero temo la tua conferma, perché la prossima cosa che mi dirai sarà: 'Ora che hai conseguito il *nirvana*, devi andare nel mondo a insegnare e diffondere il messaggio della Verità. Lo temo, Signore, perché avrei preferito restare nell'ignoranza ma alla Tua presenza fisica, invece di lasciarti e andare nel mondo pienamente realizzato'".

Questo è l'atteggiamento del discepolo dotato di qualità femminili, che nutrirà sempre un amore profondo per il Maestro. Il suo cuore è talmente pieno d'amore per il proprio Guru che desidera restargli costantemente vicino; per lui, questo è il compimento della sua vita, la realizzazione più alta".

Un vero Maestro è l'universo intero e anche oltre

"Amma, hai detto che inchinarsi in profonda umiltà davanti al Maestro equivale a inchinarsi a tutta l'esistenza. Potresti dirci cosa intendi con queste parole?" le chiesero.

La Madre rispose:

"Figli, solo chi si è completamente spogliato dall'ego può prostrarsi dinanzi a tutta la creazione. Quando non c'è l'ego, si va oltre le limitazioni della mente e si diviene il Sé onnipresente. Quando tutto vi appare come il vostro stesso Sé, potete solo prostrarvi e accettare. Andare oltre l'ego significa diventare nulla. Ma, come lo spazio, diventate tutto, diventate la creazione intera.

Un giorno il piccolo Krishna giocava con i suoi amici. Come fanno i bambini, avevano inventato un gioco e si divertivano un mondo. Avevano deciso che avrebbero preparato da mangiare. Un bambino servì a tutti un piatto di sabbia, immaginando che fosse riso. Dovevano fingere di mangiarlo, ma Krishna mangiò davvero la sabbia. Suo fratello maggiore Balarama corse immediatamente assieme ai compagni a raccontare l'accaduto a Yashoda, la madre adottiva di Krishna. Yashoda acciuffò Krishna e gli ordinò di aprire la bocca. Quando lui l'aprì, la donna vide sbigottita l'intero universo, contemplò il sole, la luna e le stelle, la Via Lattea e le altre galassie; le montagne, le valli, le foreste, gli alberi e gli animali. Yashoda vide in Krishna tutto l'universo.

Lo stesso avvenne durante la battaglia di Kurukshetra, mentre Krishna impartiva ad Arjuna il sublime insegnamento contenuto nella *Bhagavad Gita*. Quando Arjuna espresse il desiderio di vedere la forma universale del Signore, Krishna gliela mostrò. Arjuna allora contemplò l'intero universo nella forma del Signore, persino gli eserciti dei Pandava e dei Kaurava.

Cosa vogliono significare questi due episodi? Entrambi indicano che l'intero universo è contenuto nel corpo di un vero Maestro. Krishna era un *Satguru*, e un *Satguru* è Dio. La sua coscienza è unita alla Coscienza universale. Questa Coscienza è una ed è la stessa che risplende in e attraverso tutta la creazione. Un tale Maestro possiede un'infinità di corpi, un'infinità di occhi. Vede, ode, odora, mangia e respira attraverso tutti i corpi. Il *Satguru* è l'infinito stesso. Arrendersi a lui in totale umiltà equivale ad abbandonarsi all'esistenza intera, a prostrarsi all'intera creazione.

Quando siete in questo stato, capite che nulla è diverso o separato da voi. Inchinarvi dinanzi all'esistenza implica uno stato di completa accettazione, in cui avete smesso di opporvi alle circostanze che si presentano nella vita. Fino a quando avete un ego e vi identificate con il corpo, lottate e vi dibattete. Spezzando i lacci dell'ego cessa ogni lotta e non si può che accettare ogni cosa.

Mentre una persona egocentrica considera tutti, tranne se stessa, stupidi e ignoranti, un *Mahatma* vede ogni creatura come un'estensione del proprio Sé. Quando si è giunti alla Realizzazione è impossibile rifiutare qualcosa e si può solo accettare. Lo spazio accoglie tutto, il bene e il male, e lo stesso fanno il fiume e l'oceano. Espandendovi come l'universo, non potete che accettare chiunque e qualsiasi cosa. Una volta dissolti la mente e l'ego, diventate l'infinito.

Lo spazio e la natura accettano sia i gas inquinanti emessi dalle fabbriche che il dolce profumo dei fiori; abbracciano tutto. Così, un vero *Mahatma* accoglie ogni cosa, positiva e negativa.

Accetta chiunque e in questo amore incondizionato, in questa compassione infinita, riversa solo benedizioni e la sua grazia.

Figli, conoscete questa storia? Una ragazza nubile diede alla luce un bambino. Sulle prime si rifiutò di confessare chi era il padre, ma poiché continuavano ad interrogarla finì per fare il nome di un Maestro spirituale molto stimato che viveva nei pressi del villaggio. Seguiti dagli abitanti del paese, i genitori della ragazza irruppero nella casa del Maestro. Lo insultarono, lo batterono e l'accusarono di essere un ipocrita. Gli portarono il bambino ordinandogli di prendersene cura. Il Maestro prese il neonato tra le braccia, lo guardò teneramente, e disse: 'D'accordo, così sia'. Da quel momento si occupò del piccolo con estremo affetto e gli donò tutto l'amore e la tenerezza di una madre. La reputazione del Maestro era rovinata: non solo gli abitanti del villaggio, ma anche i suoi discepoli lo evitavano. Ciò nonostante, pur abbandonato da tutti, il Maestro diceva pacatamente: 'D'accordo, così sia'. Passò un anno. Tormentata dai sensi di colpa, la ragazza madre confessò infine che il padre del bambino era un vicino di casa e non il santo innocente. Pieni di rimorso, i genitori della ragazza, gli abitanti del villaggio e i discepoli si recarono dal *Mahatma* e gli si gettarono ai piedi implorando il suo perdono. Gli chiesero poi di restituire il bambino. Imperturbabile, il santo sorrise, riconsegnò il bambino, li benedisse, e anche questa volta, con molta serenità, esclamò: 'D'accordo, così sia'.

Ecco come si comporta un vero *Mahatma*, che si prostra dinanzi all'esistenza. Per sua natura non rifiuta niente e non dice mai 'no' alla vita e a nessuna esperienza. Dice semplicemente 'sì' a tutto ciò che la vita gli presenta. Non impreca, non si vendica, sa solo perdonare e benedire.

Con la sola eccezione degli esseri umani, tutta la creazione mostra gratitudine verso il Creatore per le sue infinite benedizioni. Anche gli uccelli e gli animali trascorrono la loro vita nella gratitudine. Non c'è nessuna creatura dei regni animale e vegetale che si allontana dalla propria natura, tutti seguono le leggi della natura. Invece gli uomini, i cosiddetti esseri intelligenti, infrangono queste leggi, turbano l'armonia della natura, minacciano l'esistenza degli altri esseri viventi e dei diversi aspetti del creato.

Dio ha benedetto l'uomo accordandogli abbondanti doni, eppure l'uomo sta trasformando ogni cosa in una maledizione. Questa vita è una benedizione meravigliosa. Questa mente, ogni parte del corpo, la salute e le ricchezze, sono tutti doni di Dio. Ma come li usiamo? Ci serviamo della mani per compiere cattive azioni, delle gambe per andare dove non dovremmo, degli occhi per guardare cose vergognose, della mente per architettare piani disonesti e pensare male degli altri, dell'intelletto per creare congegni distruttivi e utilizziamo tutte le nostre fortune per scopi egoistici. Abbiamo trasformato la vita in una maledizione per noi stessi e per gli altri.

Desiderando intensamente di porre fine ai dispiaceri e alle sofferenze della vita, tutte le creature si recarono un giorno dal Signore Brahma, il Creatore. Per primo si fece avanti il maiale che, con le lacrime agli occhi, supplicò così il Signore: 'O Signore di tutta la creazione, esiste una via d'uscita a questa sofferenza? C'è qualche speranza per la mia specie?' Il Creatore annuì col capo e disse: 'Naturalmente, figlio mio'. Poi si fecero avanti il vitello, il cane e l'elefante. Piangendo, posero tutti la stessa domanda. Il Creatore rispose loro: 'C'è speranza per ciascuno di voi'. Poi si fece avanti l'uomo. Brahma lo guardò e improvvisamente scoppiò in lacrime".

Tutti risero fragorosamente. Quando le risa si placarono, la Madre riprese a parlare: "Oggi è Tiruvatira, giorno in cui si dovrebbero elevare lodi a Shiva e a Parvati. Perciò, cantiamo e danziamo". Immersa in uno stato di suprema devozione, Amma si mise spontaneamente a cantare e tutti si unirono a lei con amore ed entusiasmo. Il titolo del canto era *Indukaladhara*, una lode a Shiva e a Parvati. La Madre cantava velocissimamente questo ritornello.

Shambho Shankara Shambho Shankara
Shambho Shankara Shiva Shambho

O Signore Shiva
che porti sul capo una falce di luna crescente
e il sacro Gange nei capelli arruffati,
il Tuo corpo è adorno di serpenti
e la Tua fragranza è divina.
Mi prostro ai divini piedi
del Signore Supremo.

O Signore,
Causa primordiale,
estremamente compassionevole con i Tuoi devoti,
sommo Dio
che accordi prosperi doni,
porti un tridente,
e i Tuoi piedi sono adorati
anche dagli esseri celesti.
O Distruttore di ogni afflizione,
Shambho Shankara Shambho Shankara
Shambho Shankara Shiva Shambho.

O Signore dell'universo,
prendo rifugio ai Tuoi piedi.
O Signore, l'Amato di Parvati,
o Compassionevole,
liberami dai miei infiniti affanni
e offrimi rifugio

ai Tuoi piedi.

Tutti sembravano inebriati. Improvvisamente la Madre si alzò e cominciò a danzare. Anche i devoti si alzarono, formando un cerchio perfetto attorno ad Amma, cantando a voce alta e battendo le mani.

Ripetendo il ritornello *Shambho Shankara Shambho Shankara* giravano adagio e ritmicamente attorno alla Madre, che rimaneva al centro del cerchio, danzando in suprema beatitudine.

Vivere accanto a un grande Maestro è un'esperienza indescrivibile, potremmo dire che è una festa perenne. Ogni momento è una celebrazione. In sanscrito, la parola "festa" si dice "utsavam", che significa "prorompere e scorrere" oppure traboccare". Tutte le feste simboleggiano il traboccare della pura beatitudine e della pura coscienza; in particolare le celebrazioni che avvengono nei templi sono l'emblema di questa sovrabbondante beatitudine ed energia spirituale. Generata dalla preghiera, dalla meditazione, dall'adorazione e dai canti, essa riempie tutto il tempio, si estende oltre le sue mura e si diffonde nel villaggio o nella città vicina, purificando l'ambiente. Questo è il principio alla base delle feste che si svolgono ogni anno nei templi.

In presenza di Amma, tutto questo accade costantemente perché la sua presenza è un flusso infinito di energia divina che scaturisce da lei e scorre verso il cuore dei devoti. Man mano che questa energia li impregna, cominciano a percepirla. Si tratta di un fenomeno che accade continuamente, non solo in quella situazione.

I canti e le danze si protrassero a lungo, finché la Madre uscì improvvisamente dal cerchio e si diresse a sud dell'ashram, verso la riva della laguna. Immediatamente le donne smisero di danzare, come se fosse stato premuto un interruttore. Tutti cercavano di scoprire i prossimi movimenti di Amma, ma nessuno la seguì perché si aveva l'impressione che desiderasse stare da sola. Uno dei *brahmachari* anziani invitò i presenti ad allontanarsi e ad andare a meditare. Tutto il gruppo si sciolse e la notte fu trascorsa in meditazione e in preghiera.

Capitolo 15

È importante l'attaccamento alla forma del Satguru?

Amma stava rispondendo a questa domanda, posta da un devoto occidentale:

"Amma, alcune persone sono molto attaccate alla tua forma fisica, ti amano talmente che desiderano fortemente stare alla tua presenza. Altri invece non hanno questo tipo di attaccamento, anche se aspirano sinceramente a realizzare Dio. Ti amano, ma hanno la sensazione che l'attaccamento alla tua forma esteriore possa farli soffrire e così si tengono a distanza. Amma, è assolutamente necessario essere attaccati alla forma fisica del Maestro, oppure basta desiderare intensamente di realizzare Dio?"

La Madre rispose:

"La qualità più importante che un vero *sadhak* dovrebbe possedere è uno spirito di completo abbandono di sé e di accettazione. Agli inizi della vita spirituale è molto difficile abbandonarsi e accettare tutto, soprattutto se non conosciamo nessuno che possa guidarci o un modello a cui ispirarci. Occorrerebbe però avere almeno l'intenzione di abbandonarsi. Ma a chi o a cosa dovremmo abbandonarci? Forse questo punto non ci è ben chiaro. E inoltre, come riuscire ad abbandonarsi? Finché non giungerete alla realizzazione, conoscerete solo superficialmente gli innumerevoli aspetti della spiritualità. In una mente irrequieta e sospettosa ci saranno sempre dubbi. Senza una guida, cadrete in confusione e uscirete facilmente di strada senza sapere quale direzione imboccare. Ecco perché all'inizio si avverte il bisogno di avere un vero Maestro, qualcuno con il quale relazionarsi e da cui apprendere l'accettazione e l'abbandono di sé autentici. Queste due qualità non si apprendono leggendo libri o frequentando corsi o lezioni all'università, ma sbocciano in voi grazie alla fortissima ispirazione che vi infonde la presenza fisica del Maestro, colui che incarna tutte le qualità divine. In lui riconoscete il vero abbandono di sé e l'accettazione e così disponete di un modello reale al quale tendere, qualcosa di tangibile per cui impegnarvi. La presenza del Maestro, capace di ispirarvi e trasformarvi immensamente, fa sorgere dentro di voi un amore profondo nei suoi confronti e crea un forte legame con lui. Quando in voi sboccia l'amore puro, spesso nascono anche l'abbandono di sé e l'accettazione".

Come una madre amorevole

"Nei primi stadi dell'amore spirituale", proseguì la Madre, "l'aspirante ha questo atteggiamento: 'Io sono Tuo devoto e Tuo servo; a Te offro il mio amore. Tu sei il mio Signore, il mio Maestro, il mio Amato'. Si tratta di una fase in cui si è innamorati del Maestro e quindi si è incapaci di trascenderne la forma. Si è talmente attaccati alla sua figura che non si vuole andare oltre. È uno stadio iniziale, pian piano si imparerà ad abbandonarsi e ad accettare, ma il percorso è ancora lungo. Siete come bebè appena nati alla spiritualità, un mondo per voi completamente sconosciuto. Come un lattante si nutre solo del latte della madre e non conosce che il calore del suo seno, il neonato spirituale che è in voi conosce soltanto la forma e la vicinanza fisica del Maestro. Per voi, la sua forma esteriore racchiude tutto l'universo della spiritualità. Essendo estremamente attaccati alla sua figura, sentite il bisogno di questa presenza, del suo calore, e non desiderate altro.

Come il pianto è l'unico strumento del neonato per esprimere i propri bisogni (fame, sete) o sensazioni (disagio), così, quando si muovono i primi passi nella vita spirituale, versare lacrime d'intenso desiderio è il solo modo per manifestare ciò che si ha nel cuore. Con il suo amore, il Maestro vi lega a lui e diventa il fulcro della vostra vita. Questa esperienza d'amore incondizionato e divino vi lascia senza parole e in silenzio vi struggete versando lacrime d'amore.

Chi si è appena affacciato alla spiritualità si trova in un mondo strano e sconosciuto. Un neonato ha bisogno del calore e del latte della madre, che conosce il suo cuore e lo accudirà in ogni modo. Quando il piccolo è affamato, il seno materno si gonfia spontaneamente di latte e la madre intuisce quando il suo bimbo non sta bene o prova disagio. Quando si sporca, lei lo pulisce e gli cambia i pannolini. Il bambino si addormenta ascoltando la voce della mamma che gli canta una dolce ninnananna. Il neonato non può quindi vivere senza di lei: una madre o una figura materna è indispensabile per la sana crescita del bambino. Una vera madre non nutre solo il corpo ma anche la mente del figlio. Tutto il mondo del bambino ruota attorno alla madre, da cui dipende interamente. Ai suoi occhi, lei è la persona più bella del mondo e il suo attaccamento è tale che la madre è la protagonista assoluta dei suoi sogni e delle sue fantasie.

Allo stesso modo, agli inizi della sua vita spirituale il Maestro è tutto per il *sadhak*. Non è esagerato dire che il Guru è tutto per il vero discepolo, ancora più di Dio stesso. Come la madre è tutto il mondo del bambino, il vero Maestro è tutto per il neofita, per il discepolo che è appena nato alla spiritualità. E la sollecitudine del Guru è persino maggiore di quella di una madre verso il figlio.

Inizialmente il discepolo si comporta come un bebè nei confronti del Maestro. Per lui, l'intera spiritualità può essere riassunta in questa frase: 'Il mio Maestro, il mio Tutto'. Il precettore è al centro dei suoi sogni e delle sue aspirazioni spirituali. Un tale aspirante spirituale è estremamente attaccato al proprio Guru, desidera costantemente stargli vicino e riceverne l'amore, l'affetto, le attenzioni e il calore. Non riesce ad immaginare di vivere senza di lui. Questi sentimenti sorgono spontaneamente in un devoto o in un discepolo e fanno parte di un processo naturale.

Ma un neonato non rimane per sempre in questa fase e cresce grazie alle amorevoli cure materne. Accade lo stesso anche per il neonato spirituale, che cresce sotto la guida del Maestro. La sua è però una crescita interiore. Man mano che progredisce, il Maestro abbandona il ruolo di madre per assumere quello di padre e comincia ad esercitare una disciplina sul *sadhak* affinché impari il distacco, l'abbandono di sé e l'accettazione, non solo nei confronti della forma esteriore del Maestro ma verso tutta la creazione. Il Guru non è infatti limitato al corpo: essendo il potere che risplende in e attraverso ogni cosa, insegna al discepolo ad inchinarsi umilmente dinanzi all'intero creato. Grazie all'addestramento che riceve, il discepolo è in grado di ampliare gli orizzonti limitati della sua mente e di accedere a un piano superiore, a una visione più vasta. A poco a poco comprende che l'intera creazione non è diversa dal Maestro, il quale non è confinato nella forma fisica ma è la Coscienza indivisibile, il sostrato di tutta la creazione. Più il discepolo cresce e matura interiormente, più il Maestro lo spinge verso l'indipendenza, ovvero lo incoraggia a dipendere dal proprio Sé.

Nello stadio ultimo dell'amore, l'amante e l'Amato diventano una cosa sola. Esiste un altro stadio in cui non ci sono più neppure l'amore, l'amante e l'Amato. Si tratta di uno stato indescrivibile verso cui ci guida il Maestro.

Le parole non possono descrivere le vie di un Maestro. A differenza della madre biologica, un vero Maestro non lega a sé il discepolo; al contrario, lo conduce oltre ogni limitazione e attaccamento al corpo e lo rende completamente indipendente e libero. L'affetto per la forma fisica del Guru vi permetterà di giungere a un distacco e a una libertà assoluti. Sebbene nello stadio iniziale il discepolo nutra un forte attaccamento alla forma esteriore del precettore, questo atteggiamento non è una forma di schiavitù. Sul piano fisico, due persone possono instaurare un rapporto che le vincola, ma un *Satguru* non può vincolare perché non è il corpo e neppure una 'persona', come lo sono i nostri amici o gli altri. Il Maestro dimora sia su un piano personale che impersonale. Una relazione basata sul solo attaccamento fisico potrebbe rendere schiavi, ma quando si ama la figura del Maestro non si ama un individuo limitato ma la Pura Coscienza. Il Maestro vi farà diventare gradualmente consapevoli di questa realtà. Man mano che vi risvegliate interiormente e acquisite consapevolezza della vera natura del Guru, fate esperienza della sua natura onnipresente e capite che lui non è limitato al corpo fisico, ma che è l'*Atma shakti* immanente in ogni cosa. Il Maestro stesso vi condurrà a questa esperienza e con la sua grazia vi affrancherete da ogni schiavitù. Per questo Amma afferma che l'attaccamento alla forma esteriore del Maestro non può mai essere un laccio che lega".

Un vero Maestro annulla ogni sofferenza

"Amma, reputi quindi necessario l'attaccamento alla forma esteriore del Maestro? Ma cosa ci dici della sofferenza di cui alcuni parlano, quella generata da un tale attaccamento?" le chiesero. La Madre rispose:

"Amma trova incomprensibili queste strane idee che la gente si mette in testa. Hai detto che alcuni evitano di attaccarsi alla forma del Maestro per non soffrire. Figli, potreste indicare ad Amma qualcuno in questo mondo che non soffra? La gente è costantemente travagliata, fisicamente o mentalmente. Chiedete a chiunque e avrete queste risposte: 'Sto molto male fisicamente',

'I miei sentimenti sono stati feriti', 'Mi hanno trattato male e mi sono sentito insultato'. Conoscete anche solo una persona che non sia afflitta? Gli uomini soffrono nel corpo o nell'anima. Cosa sapete del dolore? Il dolore non è solo fisico; le ferite interiori fanno ancora più male. Non è quindi logico dire che l'attaccamento alla figura del Maestro produce sofferenza. Dentro di voi portate profonde ferite che derivano dal passato. Queste ferite e il dolore che generano nascono da un eccessivo attaccamento ai piaceri del mondo; eppure non badate a queste piaghe infette e purulente e al male che vi provocano e quindi non le curate. Nessuno può sanarle, sono lesioni e predisposizioni che risalgono alle vostre vite precedenti, non a questa vita. Nessun medico o psicoterapeuta può guarirle perché non sa come penetrare in profondità nella vostra mente per curarle. Le vostre ferite e tendenze sono annidate profondamente, sono molto antiche e hanno cominciato a rodervi all'interno.

La gente si rivolge a vari specialisti per alleviare la propria sofferenza interiore, ma tutti gli esperti del mondo - medici, scienziati, psicologi, e così via - sono tutti limitati dalla propria mente, dal piccolo mondo creato dall'ego. Non essendosi ancora immersi profondamente nel proprio animo per esplorarlo, come possono penetrare in quello degli altri? Finché essi stessi sono nella morsa della mente e dell'ego, come possono aiutare altri a trascenderli? Anche loro hanno profonde ferite e tendenze radicate, proprio come voi, e quindi non sono in grado di guarire le vostre ferite e liberarvi dal dolore. Solo un *Satguru*, che si è affrancato da ogni limitazione e ha trasceso la mente, può entrare nella vostra mente e trattare queste piaghe aperte, rimuovendo vecchie abitudini e tendenze radicate.

Suona strano sentirti dire che alcuni provano timore ad attaccarsi alla forma del Maestro per paura di soffrire. Siete già in preda a un'enorme sofferenza; in verità, siete la personificazione stessa di un dolore profondo e atroce. L'attaccamento alla forma del Maestro non può creare altro dolore perché lui non è un oggetto, non è il corpo né l'ego: è al di là di tutto questo. Non può quindi ferirvi né imporvi nulla. Lo potremmo paragonare allo spazio, al cielo infinito, e lo spazio non può farvi del male. Non proiettate dunque i vostri preconcetti sul Guru, cercate di non giudicarlo. Di per sé, la mente è ingannevole e non è in grado di formulare giudizi corretti. I vostri concetti e opinioni appartengono solo a voi e non riguardano un Maestro perfetto, che è al di là della mente. La mente può forse giudicare un'altra mente, ma non ciò che la trascende. La mente o l'ego può ferire un'altra mente o un altro ego, ma chi ha trasceso la mente non può nuocere a nessuno perché una tale anima è priva di ego e non esprime alcun giudizio. La sofferenza che provate nasce da voi, non dal Maestro.

In presenza di un grande Maestro, di un *Satguru*, siete indotti a guardare al profondo dolore che celate e che ora affiora perché un vero Maestro è come il sole, un sole spirituale; in sua presenza non c'è notte e la luce del giorno splende sempre. Quando il sole del Guru brilla, penetra profondamente nella vostra mente e alla sua luce vedete ciò che è annidato in voi, il vostro inferno nascosto che adesso vedete e sapete che esiste. C'è sempre stato, ma non lo sapevate. Com'è possibile rimuovere un dolore nascosto se non ne siete consapevoli? È importante riconoscere che l'origine della vostra sofferenza è dentro di voi e non proviene dall'esterno. Fino ad ora credevate che dipendesse da fattori esterni, da rapporti spezzati, da desideri insoddisfatti, dalla morte di una persona cara o dall'ira degli altri, dai loro insulti o ingiurie. La vera fonte del dolore si trova invece in voi e ora, alla luce dell'infinita gloria spirituale del Maestro, siete messi nella condizione di vederlo con chiarezza. Capite così che tutto il dolore è racchiuso in voi.

Ricordate che il Maestro non vi lascerà mai soli, vi sosterrà con la sua infinita energia spirituale e guarirà le vostre ferite.

La sofferenza non nasce dunque dall'attaccamento alla forma esteriore del Maestro, ma dalla mente e dalle tendenze negative. Quando avrete compreso la natura di questa sofferenza dovete collaborare con il Maestro, il medico divino dalle capacità ed energia inesauribili.

Ricordate che siete un paziente che necessita di una difficile operazione chirurgica; ma non temete, potete affidarvi completamente al chirurgo e riporre una fede totale in lui. Ora siete nella sua sala operatoria, lasciate che vi operi, collaborate invece di opporre resistenza, state fermi e non agitatevi. Il Guru non opererà certamente senza anestesia: l'amore e la compassione incondizionati che esprime con tutto il suo intero essere sono l'anestetico e vi preparano all'operazione.

Una volta iniziato ad agire, il Guru non vi lascerà scappare, così come nessun chirurgo lascerebbe che il paziente se ne vada a metà intervento. In un modo o nell'altro il Maestro farà in modo che restiate sul tavolo operatorio perché sarebbe molto pericoloso lasciarvi andare ora. Il *Satguru* non vi lascerà fuggire. Ma il trattamento che eseguirà non è poi così doloroso, se paragonato allo stadio avanzato della vostra malattia e alla beatitudine suprema e ad altri benefici che otterrete. L'incontenibile amore e compassione del Maestro ridurranno notevolmente il dolore. Il *Satguru* è uno con Dio e quindi verrete irrorati dall'amore e dalla compassione divini.

Il Maestro non infligge dolore, ma lo rimuove. Il suo scopo non è darvi un sollievo temporaneo, ma definitivo, perenne. Eppure, per qualche strano motivo, la gente desidera serbare le proprie sofferenze. Anche se la beatitudine è la nostra vera natura, sembra che, nel loro stato mentale attuale, gli esseri umani amino i propri affanni e li ritengano parte integrante di sé.

Leggendo la mano di un cliente, un chiromante disse un giorno: 'Fino a cinquant'anni lei proverà molti dispiaceri e sofferenze.

Vivrà nel dolore e nell'angoscia'. 'E dopo i cinquanta?' chiese il cliente. Freddamente, il chiromante rispose: 'Dopo i cinquanta, tutto questo diventerà la sua natura'".

La fine della storia fu accolta da grandi risate e anche Amma rise. Poi lei continuò: "Pare che la natura umana si sia oramai identificata con questo schema: la gente soffre ed è talmente immedesimata con questo dolore che non ne è più consapevole e non desidera sinceramente rimuoverlo".

Il *brahmachari* che aveva posto la domanda disse: "Amma, avrei ancora una domanda". La guardò per vedere la sua reazione perché a volte la Madre resta in silenzio e non risponde alle domande. Il suo comportamento è spesso singolare e imprevedibile, nessuno sa quando sceglierà di parlare o di tacere. Può capitare che, nel bel mezzo di una discussione animata, lei scivoli improvvisamente nella Coscienza infinita. Questi suoi innumerevoli stati interiori trascendono la comprensione umana e possono sorgere in qualunque momento e luogo.

Nessun altro se non la Dea Suprema

Un giorno alcuni devoti espressero il desiderio di portare la Madre a visitare un famoso tempio nel Tamil Nadu, consacrato alla Devi. Questa vicenda accadde verso la metà del 1977. In quel periodo la Madre perdeva spesso la consapevolezza del mondo esterno e non aveva più coscienza del proprio corpo.

La famiglia che voleva mostrarle questo tempio era molto devota ad Amma. A quel tempo la Madre non era circondata da tanti devoti come oggi e questi venivano solo in occasione di uno dei *bhava* di Amma; il mattino dopo, al termine della cerimonia, invitavano spesso la Madre a casa loro. A volte lei accettava e trascorreva con loro qualche giorno. I devoti speravano, invitandola, di potersi prendere cura di lei almeno per un paio di giorni e permetterle di riposarsi. In quei giorni la Madre non mangiava né dormiva finché qualcuno non la invitava a farlo, e spesso doveva insistere a lungo perché lei si riposasse e mangiasse qualche boccone di tanto in tanto. Ma non era facile convincerla. Amma non si curava affatto delle proprie necessità corporee e per la maggior parte del tempo era in estasi.

Tre sere la settimana (il martedì, il giovedì e la domenica) manifestava il *Krishna-bhava* e il *Devi-bhava*. In quei giorni la Madre abbracciava le persone per dodici-tredici ore. Durante questi darshan, i *bhajan* iniziavano alle tre e mezzo o quattro del pomeriggio e duravano fino alle sei. La prima parte della notte era dedicata al *Krishna-bhava*, che in genere iniziava alle sei e trenta, e la seconda al *Devi-bhava*. Se c'erano circa duemila persone, andavano tutte al darshan di Amma due volte: prima nel *Krishna-bhava* e poi nel *Devi-bhava*, che terminava talvolta alle sette o alle otto del mattino seguente.

A quell'epoca solo poche famiglie erano davvero vicine alla Madre, ovvero solo loro avevano la fortuna di vedere che Amma dimorava nello stato di suprema realizzazione spirituale. La famiglia che l'aveva invitata al famoso tempio della Devi era una di queste. Inizialmente la Madre non dimostrò alcun interesse ma poi, come sempre, cedette alle loro innocenti preghiere.

Parlando dei templi, un giorno la Madre disse: "Il tempio esterno è per quelli che non percepiscono la presenza costante di Dio nel proprio cuore. Per chi ha realizzato questa verità, la presenza di Dio pervade ogni cosa, all'interno e all'esterno. Ogni luogo, ogni centimetro quadrato dell'universo diventa allora un tempio".

La Madre illustra questo punto attraverso questa storia:

"Namdev era un devoto molto maturo che amava profondamente Sri Krishna. Krishna stesso lo esortò a recarsi da Vishobukechara, un'anima illuminata, e di abbandonarsi a lui. Questo grande santo abitava in un tempio dedicato a Shiva, alle porte di un villaggio. Quando arrivò nel tempio, il devoto vide un vecchio sdraiato nel sancta sanctorum con i piedi posati su uno Shiva *lingam*. Alla vista di un tale sacrilegio, Namdev, furioso, batté forte le mani per svegliarlo. A quel rumore il vecchio aprì gli occhi, guardò il nuovo arrivato e disse: 'Ah sì! Tu sei Namdev e sei stato inviato qui da Vittal, non è così?[16] Stupefatto, il devoto capì di trovarsi in presenza di un *Mahatma*. Ma c'era una cosa che non gli era ancora chiara e così disse: 'Sei senza dubbio un grande essere, ma non capisco come tu possa posare i piedi sullo Shiva *lingam*'.

'Sono appoggiati sul sacro *lingam*? Non me n'ero accorto. Ti prego, spostali tu, sono troppo debole per farlo', rispose il santo. Namdev gli sollevò le gambe per toglierle dal *lingam* e posare i suoi piedi a terra, ma quale non fu la sua meraviglia nel veder apparire un nuovo *lingam* ovunque mettesse i piedi del santo. Fece innumerevoli tentativi, ma nel punto toccato dai piedi del *Mahatma* sorgeva sempre un *lingam*. Alla fine Namdev li mise sul suo grembo e in quello stesso istante conseguì lo stato di Shiva.

Un *Mahatma* è Dio stesso, non gli occorre andare in un tempio o in un altro luogo di culto perché il luogo in cui si trova diventa sacro. Tuttavia per mostrare l'esempio si reca a volte nei luoghi sacri".

Amma andò dunque a visitare il tempio per accontentare i devoti. Quando arrivarono, camminarono sino all'entrata da cui potevano vedere bene, nel riquadro della porta aperta che introduceva al sancta sanctorum, la statua della Devi, la Madre Divina. Nel vedere questa immagine, la Madre entrò in *samadhi* e rimase perfettamente immobile per più di un'ora e mezzo. La famiglia che l'accompagnava si spaventò. La Madre era inamovibile come una montagna. Anche la posizione assunta da Amma

16 Un aspetto di Krishna, adorato in quella regione con il nome di Vittal.

non mancò di sorprenderli: riproduceva esattamente quella della Madre Divina nel sancta sanctorum.

Mentre tutti si chiedevano come riportare la Madre alla coscienza ordinaria, si avvicinò una donna di mezza età, dal cui viso traspariva grande dignità, ma anche una devozione profonda e sincera. Rivolgendosi al capofamiglia disse in modo autoritario: "Non vedi che quella (indicando la statua della Devi nel santuario) e questa (indicando la Madre immersa in *samadhi*) sono un tutt'uno? Recita il *Minaksi stotram*!" Le parole della donna erano così piene d'autorevolezza che l'uomo cominciò subito a recitare l'antico inno sanscrito di lode alla Madre Divina.

O Sri Vidya,
gioiello che adorni il lato sinistro di Shiva[17]
e sei venerata dal Re dei re,
incarnazione di tutti i guru
a cominciare dal Signore Vishnu,
scrigno della divina gemma Chintamani
che esaudisce tutti i desideri,
i Tuoi piedi sono venerati dalle dee Sarasvati e Girija;
consorte di Shambho, diletta del cuore di Shiva,
che risplendi come il sole di mezzogiorno,
figlia del re Malayadvaja,
salvami, o Madre Minaksi.

Mentre l'uomo recitava l'inno, la donna era assorta in profonda preghiera, con gli occhi chiusi e le mani giunte.

Dopo qualche istante la Madre ritornò alla coscienza ordinaria. Restando sempre ferma nello stesso punto, si dondolava leggermente da un lato all'altro. Il suo sguardo era fisso sulla statua della Devi o altrove: non si poteva dirlo con esattezza.

---

[17] Sri Vidya è la consorte di Shiva.

Il canto finì. La sconosciuta che aveva ordinato di recitare il *Minaksi Stotram* cadde ai piedi della Madre e vi rimase a lungo finché Amma non si chinò e l'aiutò affettuosamente ad alzarsi. Mentre guardava la donna, il viso della Madre irradiava un amore straordinario. La donna sembrava essere in uno stato di beatitudine; Amma la guardò lungamente e poi le posò la testa sulla sua spalla, mentre la donna versava lacrime di beatitudine. Nessuno sapeva chi fosse né da dove venisse.

Questo è uno dei tanti episodi che accadono alla presenza della Madre. Quella donna arrivò in quel momento nel tempio come un messaggero divino giunto a ricordare a tutti, soprattutto alla famiglia che la accompagnava, che la Madre è la Dea Suprema in persona.

Ecco perché il *brahmachari* che intendeva porre un'altra domanda osservò la Madre prima di interrogarla. Voleva essere sicuro che fosse nello stato di coscienza ordinaria. Vedendo che era disposta a rispondere, cominciò a parlare.

L'attaccamento al Satguru è attaccamento a Dio

"Amma, mi sto ancora chiedendo se, per raggiungere la meta suprema, occorra essere attaccati alla forma esteriore del Maestro o basti aspirare intensamente a realizzare Dio".

La Madre rispose:

"Figli, ricordate innanzitutto che l'attaccamento al Maestro è l'attaccamento a Dio. Il vostro problema è che distinguete Dio dal vero Maestro. L'attaccamento alla forma fisica del *Satguru* rafforza l'aspirazione a realizzare il Supremo. Vivere con lui è vivere accanto a Dio. Il Guru rende più agevole il cammino spirituale ed è sia il mezzo che il fine. Occorre però fare uno sforzo cosciente per scorgere il Maestro nell'intera creazione, impegnarsi a obbedire a lui e seguire le sue indicazioni.

Avete una vaga idea di Dio o dello stato supremo della Realizzazione? Ne avete sentito parlare, avete letto qualcosa a riguardo, ecco tutto. Tutte le cose che avete letto e sentito sono solo parole. Sperimentare direttamente queste realtà va ben oltre, è un mistero impenetrabile.

Non è possibile pervenire allo stato della Coscienza divina attraverso i sensi o lo studio delle Scritture. Per riuscirci, bisogna sviluppare un nuovo occhio, quello interiore - il terzo occhio. Quando i vostri due occhi diventano uno solo, allora potete vedere Dio. Ciò significa che, pur guardando con gli occhi fisici, non scorgete più il mondo della dualità: ogni dualità scompare e contemplate l'unità del creato, di tutto l'universo. Solo un *Satguru* può aprire l'occhio interiore, l'occhio della vera Conoscenza".

Le parole della Madre ricordano quelle che Sri Krishna, il Maestro perfetto, rivolse al suo discepolo Arjuna:

"Non ti è possibile vederMi con questi tuoi occhi. Ti concederò il potere di uno sguardo divino con cui contemplare il Mio potere di Signore Supremo".

Bhagavad Gita 11, 8

La Madre continuò:

"Forse ardete dal desiderio di realizzare Dio, ma per quanto? Se non siete un aspirante spirituale maturo, questa intensità potrebbe affievolirsi e la fiamma potrebbe spegnersi. Forse il vostro anelito è incostante, va e viene, e anche se riuscite a mantenerlo vivo potreste essere attratti dai piaceri del mondo. Non sapete come vivere armoniosamente nel mondo esteriore e in quello interiore. Senza un Maestro che vi mostri opportunamente la via, potreste deviare dal sentiero, imboccare la direzione sbagliata, oppure interrompere il cammino e ricadere nel mondo. Un tale comportamento porta alla perdita della fede e a concludere che non esista nessuno stato di realizzazione del Sé o Dio.

L'attaccamento alla figura del Maestro è paragonabile all'attaccamento delle *gopi* per Krishna, a quello di Hanuman per Rama o a quello dei discepoli per Buddha o Gesù. Tutti questi discepoli vivevano con Dio. Vivere alla presenza fisica di un vero Maestro, nutrendo immenso affetto per la sua figura, equivale a vivere con la pura Coscienza o il Supremo, provando lo stesso attaccamento. Questa vicinanza è un'immensa fonte d'ispirazione e aiuta a mantenere costante l'ardore. Sotto lo sguardo attento del Maestro, se vivete con fede, abbandono e osservate le sue indicazioni, non potete deviare dal cammino.

Nutrire attaccamento per la figura del *Satguru* è come essere in contatto diretto con la Verità suprema. La presenza di una tale Grande Anima è così pregna del Divino che potete sentirLo nel vostro cuore, vederLo con i vostri occhi e percepirLo ovunque. Si tratta di una sensazione tangibile che scaturisce da tutto l'essere del Maestro e che percepite quando lo guardate negli occhi, lo toccate, oppure osservate le sue azioni o ascoltate le sue parole.

A tutti gli esseri umani piace essere attaccati a qualcuno: al proprio ragazzo o ragazza, marito o moglie. I bambini sono attaccati ai genitori e ai loro giochi, oppure amano la compagnia dei fratelli e delle sorelle; tutti desiderano avere amici. Nel mondo esistono un'infinità di oggetti che hanno lo scopo di attrarre la totale attenzione della mente umana, ed è con questo intento che aziende e uomini d'affari immettono costantemente nuovi prodotti sul mercato. Nella sua ricerca di felicità (che non è altro che il bisogno di acquietare la mente), la gente rincorre un oggetto dopo l'altro. Stancandosi spesso di un oggetto, deve per forza rincorrerne un altro. E questa ricerca non ha mai fine.

Quando sul mercato esce un nuovo prodotto o ad esempio un nuovo film, la mente si entusiasma e freme dal desiderio di andarlo a vedere. Più ne sentite parlare, più il desiderio aumenta. Quando questo desiderio è soddisfatto, la mente smette temporaneamente di tormentarvi finché non è attratta da un nuovo oggetto, film o altro. Questa è la natura della mente, incapace di stare in silenzio, rimanere raccolta e provare soddisfazione: se nulla attrae la sua attenzione, farà sorgere un senso d'inquietudine. La mente crea una lunga serie di attaccamenti. Gli uomini vivono in un mondo immaginario e costruiscono castelli in aria. Se non possono sognare o non hanno nulla a cui pensare, potrebbero impazzire o giungere al suicidio.

Prima o poi vi stancherete degli oggetti e delle esperienze che il mondo vi offre perché la soddisfazione che vi procurano è temporanea. La mente passa continuamente da una cosa all'altra, costringendovi a rincorrere un oggetto dopo l'altro, e con le sue continue richieste fa in modo che ogni situazione susciti a un certo punto noia. Questo è il motivo per cui in Occidente molti cambiano diverse volte il marito o la moglie, oppure hanno molte case in vari luoghi. La gente ha sempre sete di cose nuove, nuovi rapporti, perché si stanca facilmente di ciò che ha da tempo e che conosce bene. La mente si aggrappa a miriadi di cose, spingendovi in mille direzioni.

Poiché la mente è volubile e piena di negatività, persino l'aspirazione spirituale che ora sentite potrebbe sparire, avendo anch'essa origine dalla mente. Forse un giorno potreste improvvisamente giudicare questa vostra aspirazione noiosa perché è nella natura della mente stancarsi di tutto e inseguire cose nuove. Senza avere punti di riferimento o qualcosa a cui aggrapparvi, anche la vita spirituale potrebbe finire per non interessarvi più.

Per stabilizzare e tranquillizzare la mente dovete rivolgere il vostro attaccamento a qualcosa di più alto. La mente è il luogo più rumoroso, non si acquieta mai, a meno che non sia indotta a contemplare o meditare su qualcosa che non le sia già familiare. Si stanca presto di ciò che già conosce.

Forse l'intenso desiderio di realizzare Dio è uno tra i tanti desideri che avete e potrebbe svanire davanti a forti tentazioni. Nel vostro attuale stato mentale, gli altri attaccamenti potrebbero smorzare l'aspirazione a realizzare Dio, sorta forse in un momento di grande ispirazione che ha risvegliato il vostro entusiasmo e desiderio. Senza un movente più forte e allettante potreste perdere il fervore e cominciare ad annoiarvi. L'attaccamento alla forma del Maestro è il movente che neutralizza tutti gli altri. Attraverso l'attaccamento e l'affetto per la figura del precettore sviluppate quella forza speciale che vi fa resistere a ogni altra attrazione. Poiché la presenza del Guru è impregnata del Divino, non c'è posto per la noia, che subentra solo quando la mente è rivolta a oggetti, esperienze o idee del mondo. La mente si stanca facilmente delle cose perché nessun oggetto al mondo può renderci felici. Il *Satguru*, invece, è la sorgente stessa di perenne beatitudine e felicità; essendo il Maestro immortale, chi è abbastanza desideroso di sapere può, in sua presenza, vedere l'Infinito manifestarsi in molteplici modi. È quindi difficile annoiarsi standogli accanto. Un Maestro perfetto è l'incarnazione del Divino; chi è ricettivo alla sua presenza, che è divina, non proverà quindi noia. L'attaccamento alla forma fisica del Maestro colma il cuore del discepolo d'amore, di entusiasmo, di appagamento e di freschezza. È il Guru stesso che infonde queste qualità al discepolo; ogni volta che l'aspirante spirituale è scoraggiato o depresso, il Maestro rimuove questa negatività con il suo amore incondizionato e la sua compassione, oppure gli accorda un'esperienza che lo ispiri e lo sproni ad andare avanti con rinnovata determinazione e slancio. Tutto questo permette al discepolo di stabilizzare la mente rumorosa, acquietandola, perché solo alla presenza di un *Satguru* la mente irrequieta può trovare stabile riposo senza annoiarsi.

La spiritualità non è un fenomeno rilevabile oggettivamente, come lo sono il sole e la luna, le montagne o i fiumi. La spiritualità è fede. Solo una fede totale e incrollabile può aiutarci a raggiungere la meta.

Ogni essere umano ha una natura intellettuale o emotiva. Per una persona intellettuale sarà più difficile credere, perché è portata a credere soltanto a ciò che vede. Poiché Dio è invisibile, credere nella Sua esistenza è unicamente una questione di fede. Sebbene le persone emotive credano più facilmente, non è facile per loro credere totalmente; i dubbi che dimorano nella loro mente fanno vacillare questa fede e la rendono incompleta. Appena iniziano a stancarsi di un oggetto, devono cercarne subito un altro su cui riporre la propria fede.

Sia gli individui intellettuali che quelli emotivi hanno bisogno di un ausilio concreto e visibile per credere e consolidare la fede. Altrimenti, pur essendo inizialmente motivati e desiderosi di realizzare Dio, se dopo qualche tempo non hanno un'esperienza diretta o non avvertono la presenza tangibile del Divino, tornano sui loro passi dicendo: 'Sciocchezze! Che cosa senza senso! Non esiste né Dio né la realizzazione di Dio'. Sono certamente la mente e la loro poca pazienza a costituire il problema, ma se avessero un punto di riferimento potrebbero trarre rassicurazione e ispirazione e continuare il cammino spirituale, vivendo secondo i suoi princìpi. Ma questo è possibile solo alla presenza di un vero Maestro, coltivando un rapporto personale con lui e l'attaccamento alla sua forma esteriore. Facendolo, stabilite un rapporto con Dio, con la Coscienza suprema, con il vostro vero Sé interiore. Si tratta di qualcosa di completamente diverso dal provare attaccamento per una persona comune perché il rapporto con un *Satguru* vi aiuta a restare distaccati in qualunque circostanza, preparando la mente a fare il salto finale nella Coscienza divina".

Tutti erano in completo silenzio. Le parole incisive della Madre sembravano risuonare nel cuore dei presenti e anche tutt'intorno, nella natura. L'atmosfera spirituale che regnava induceva spontaneamente a meditare, come a rendere tangibile ciò di cui la Madre aveva parlato: il significato della presenza fisica di un *Mahatma*, l'importanza dell'attaccamento alla sua forma esteriore e la necessità di stabilire un rapporto con Colui o Colei che incarna il Divino.

Capitolo 16

Amma, la redentrice dell'anima

La Madre si trovava nel palmeto davanti al tempio. Sedeva circondata da alcuni residenti e devoti conversando con costoro di vari argomenti. Improvvisamente si rivolse a Balu e gli disse: "Otturmon [mio figlio Ottur] desidera vedere Amma. Portalo qui". Balu si alzò e andò da Ottur, che abitava in una stanza costruita per lui dietro il vecchio tempio, sopra le celle di meditazione sotterranee.

Ottur Unni Nambutiripadu, noto poeta e studioso di sanscrito del Kerala, era considerato un'autorità per quanto riguarda lo *Srimad Bhagavatam*, una scrittura che tratta degli avatar di Vishnu, e narra in particolare le gesta di Krishna e i suoi giochi infantili. Gli splendidi inni di lode che aveva composto per Krishna erano famosi in tutto il Paese ed erano molto cari ai devoti di Krishna. Ottur aveva ricevuto numerosi premi e riconoscimenti sia dal governo centrale che da quello del Kerala per il commentario dello *Srimad Bhagavatam* e per i suoi mirabili poemi e scritti. Fervente devoto del Signore Krishna, frequentava il famoso tempio di Guruvayur. L'inno che segue, il *Kannante Punya*, può offrire al lettore un'idea dell'abilità letteraria e della devozione dell'autore.

Quando sentirò risuonare nelle mie orecchie
i benaugurali nomi di Kanna?

E dopo averli uditi,
quando i miei capelli si rizzeranno
e sarò in un mare di lacrime?

Immerso nelle lacrime,
quando diventerò interamente puro?
E in quello stato di assoluta purezza,
quando saliranno spontaneamente alle mie labbra
i Suoi nomi?

Cantando estatico,
quando scorderò la terra e il cielo?
Dimentico di tutto,
quando danzerò
ebbro di devozione?
E mentre danzerò,
potranno i miei passi
mondare la scena del mondo
da ogni macchia?

Durante quella danza gioiosa
in cui spazzerò via ogni macchia
griderò forte.
Portata sulle ali di questo grido,
saprà la mia purezza
giungere sino alle otto direzioni dello spazio?

Avendo recitato la mia parte,
quando giacerò finalmente
in grembo a mia Madre?
Adagiato sulle Sue ginocchia,
quando dormirò in completa beatitudine?
E nel mio sonno,

quando sognerò
la mirabile forma di Sri Krishna
che dimora nel mio cuore?
E al mio risveglio,
quando vedrò il Signore Krishna,
Colui che incanta il mondo intero?

Questo poema fu scritto dall'illustre poeta venticinque anni prima dell'incarnazione della Madre Divina su questa Terra. Dietro questa composizione c'è una storia bellissima e toccante, che mostra come un'incarnazione di Dio esaudisca la preghiera di un sincero devoto quando sgorga dal profondo del cuore. Nel poema appena citato è scritto: "Avendo recitato la mia parte, quando giacerò finalmente in grembo a mia Madre? Adagiato sulle Sue ginocchia, quando dormirò in completa beatitudine?"

Ottur incontrò la Madre nel 1983, invitato ai festeggiamenti per il suo trentesimo compleanno. Mentre si trovava a Trivandrum, un devoto gli aveva parlato di Amma ed egli aveva provato immediatamente lo spontaneo e intenso desiderio di conoscerla. Aveva la forte sensazione che la Madre fosse l'incarnazione divina della Dea Suprema e di Krishna, la sua forma divina prediletta. Si recò quindi al compleanno di Amma il 27 settembre 1983 e, dopo averla conosciuta, questo ottantacinquenne studioso, poeta e devoto, si trasformò in un bambino di due anni, assetato delle attenzioni della mamma. Capì che finalmente il suo destino si era compiuto e decise di trascorrere il resto dei suoi anni accanto alla Madre. Da questo momento iniziò anche a comporre inni in suo onore. Il rapporto tra Amma e questo poeta ottantacinquenne era unico, straordinariamente singolare e incantevole. La Madre amava molto la sua natura di fanciullo e lo soprannominò Unni Kanna ('piccolo Krishna').

Proprio come un bambino, chiedeva il consenso della Madre prima di compiere qualunque cosa. Se doveva prendere una medicina, le chiedeva il permesso. Anche prima di cambiare la marca della saponetta o l'alimentazione chiedeva la sua autorizzazione. Aspettava sempre che Amma gli desse il permesso. Se non lo riceveva, non metteva in atto nessun cambiamento. A volte desiderava che Amma lo nutrisse; altre, voleva stendersi sulle sue ginocchia. Accadeva spesso che nella sua stanza chiamasse a squarciagola: "Amma! Amma!" Lo faceva ogni volta che avvertiva l'urgente bisogno di vederla. Se la Madre era nelle vicinanze andava nella stanza di Ottur, altrimenti gli inviava del *prasad* attraverso Gayatri o qualche altra persona.

Conoscendo la sua natura di bambino, Amma mandava spesso qualcuno a prenderlo quando lei era nella capanna a dare il darshan. Quando arrivava, la Madre lo ricopriva d'amore e di attenzioni, facendolo sedere vicino a sé. In quei momenti Ottur, che si lamentava sempre dei suoi mali fisici, dimenticava completamente ogni dolore. Diceva: "Quando siedo vicino alla Madre ricevo tantissima energia".

Questo straordinario rapporto madre-figlio supera la comprensione dell'intelletto umano. Potremmo trovare difficile capire come un celebre poeta di ottantacinque anni possa chiamare 'Amma' (mamma) una donna di trenta. Come potrebbe la ragione comprendere un simile mistero? Per Ottur Unni Nambutiripadu, la Madre era sia il Guru che Dio. In lei vedeva il Signore Krishna, la sua divinità amata, e la Madre dell'universo. Tali sentimenti traspaiono con chiarezza dai poemi che scrisse in lode della Madre, tra cui i 108 Nomi di Amma. Ecco un'altra delle sue composizioni sulla Madre:

O Madre, Tu sei l'incarnazione di Krishna e di Kali.
O Madre,
il Tuo sorriso e il Tuo canto,
il Tuo sguardo, il Tuo tocco e la Tua danza,
le Tue parole deliziose,

il tocco dei Tuoi santi piedi
e il nettare del Tuo amore
santificano i mondi.

O Madre, pianta rampicante celeste,
Tu concedi gioiosamente e profusamente
a tutti gli esseri, animati e inanimati,
dal Creatore Brahma sino allo stelo d'erba,
di realizzare tutti i purusartha,
dal dharma a moksha.

O Madre, che colmi di meraviglia i tre mondi,
Tu sommergi con forti ondate d'Amore
tutti gli esseri umani,
le api e gli uccelli,
i vermi e gli alberi.

Ottur aveva un unico desiderio: ogni volta che riceveva il darshan implorava la Madre così: "Amma, concedimi di esalare l'ultimo respiro tenendo il mio capo sul tuo grembo. Questo è il solo desiderio, la mia sola preghiera. Madre mia, fa' che io muoia con la testa sulle tue ginocchia". Ripeteva con fervore e costanza questa preghiera ogni volta che incontrava la Madre e ormai tutti, dai suoi ammiratori ai devoti di Amma, sapevano di questo suo desiderio.

Poco dopo aver conosciuto la Madre, Ottur si trasferì nell'ashram, dove trascorse anni pieni di beatitudine e contentezza. Diceva spesso: "Ora so che Dio non mi ha abbandonato perché sono alla Sua presenza e mi bagno nel Suo divino amore. Mi sentivo pieno di amarezza quando pensavo di non aver potuto stare con Sri Krishna, Chaitanya Mahaprabhu[18], o con altri *Mahatma*. Ma ora non è più così perché so che la Madre è tutti loro".

[18] 1485-1535

Nel 1989, poco prima che Amma partisse per il terzo tour del mondo, la salute di Ottur declinò rapidamente. Il suo corpo si consumava e, benché la Madre cercasse di offrirgli ogni possibile trattamento, Ottur non migliorava. Era debolissimo e aveva perso quasi completamente la vista. Poiché i suoi occhi non gli permettevano più di scrivere, dettava le poesie al nipote Narayanan, che si prendeva cura di lui.

Nonostante questo peggioramento, la sua innocenza infantile e il suo atteggiamento verso la Madre rimasero immutati, anzi, divennero più forti. La sua nota preghiera di poter morire sulle ginocchia della Madre divenne supplica costante. Un giorno le disse: "Non ho nessun problema se Amma vuole togliermi la vista fisica, ma sii benigna, o Madre divina e celeste, e benedici il Tuo servo distruggendo le tenebre del suo animo. Apri il suo occhio interiore. Ti supplico, accogli la preghiera di questo figlio".

Dolcemente la Madre gli rispose: "Unni Kanna, non temere, sarà come tu vuoi. Come potrebbe Amma rifiutare la tua preghiera innocente?"

Una settimana prima della partenza per il tour, le condizioni di Ottur si aggravarono improvvisamente. Era così debole da non riuscire più ad alzarsi dal letto. Tutti pensavano che fosse alla fine dei suoi giorni. Ottur non temeva la morte: la sua unica paura era di lasciare il corpo mentre Amma era lontana. Confidò il suo timore alla Madre dicendo: "Amma, so che sei ovunque e che il tuo grembo è vasto come l'universo. Ciò nonostante, ti prego, sii fisicamente presente quando lascerò questo corpo. Se muoio mentre non ci sei, il mio desiderio di morire sulle tue ginocchia non verrà esaudito". La Madre lo accarezzò teneramente e replicò solennemente: "Unni Kanna, figlio mio, questo non accadrà. Lascerai il corpo solo dopo il ritorno di Amma". Queste parole rincuorarono moltissimo Ottur. Poiché questa promessa scaturiva proprio dalle labbra di Amma, era sicuro che la morte non l'avrebbe toccato prima del ritorno della Madre.

Il tour mondiale durò tre mesi e la Madre fece ritorno all'ashram nel mese di agosto. Durante la sua assenza, Ottur era stato affidato alle cure di un medico ayurvedico, ardente devoto della Madre, che l'aveva accolto a casa sua. Grazie a queste eccellenti cure le condizioni di Ottur migliorarono leggermente per poi peggiorare di nuovo. La Madre disse allora a Ottur di tornare nell'ashram perché si stava avvicinando il momento di lasciare il corpo.

Durante il compleanno di Krishna, Ottur rimase accanto alla Madre partecipando a tutti i festeggiamenti. Il giorno seguente era un giorno di *Devi bhava*. Al termine del darshan, alle due e mezzo del mattino, la Madre si recò nella sua stanza. Pur debolissimo, Ottur esultò vedendola. Piangendo come un bambino, il grande poeta disse: "O Amma, Madre dell'universo, chiamami a te. Presto, chiamami a te!" Come una mamma con il suo bambino, la Madre gli massaggiò il petto e la fronte, lo calmò e gli accarezzò la testa con estremo amore e compassione.

Quel giorno, un devoto aveva offerto alla Madre un materasso di seta. La Madre chiese a Gayatri di portarglielo. Quando lei tornò con il materasso, Amma sollevò il fragile ed esile corpo di Ottur e, come una mamma col suo neonato, lo tenne in braccio mentre Gayatri, Balu e Narayan stendevano il nuovo materasso sul letto. Immerso nell'infinita compassione della Madre, Ottur esclamò: "Amma, Madre dell'universo, perché inondi di tanto amore e di tanta compassione questo figlio indegno? O Amma, Amma, Amma...".

Amma lo adagiò dolcemente sul letto e disse: "Unni Kanna, figlio, fai un buon sonno. Amma tornerà al mattino".

"O Amma, fammi dormire per sempre!" rispose Ottur.

La Madre lo guardò ancora con infinito amore prima di uscire dalla stanza.

Quella notte, il poeta dettò la sua ultima poesia.

I medici curanti che cercavano di guarirmi
hanno dovuto ammettere la loro impotenza.
Tutti i miei familiari hanno perso le speranze.
O Madre, adagiami sulle tue ginocchia con tenero amore,
salvami e non abbandonarmi mai.

O Sharadamani, o Sudhamani, o Madre divina,
posami dolcemente sul tuo grembo amorevole,
mostra la luna di Ambadi [Sri Krishna]sul tuo volto,
benedicimi presto accordandomi l'immortalità.

Mostra quella luna amata, il figlio di Nanda,
sul tuo dolce volto
e poni sulle tue ginocchia questo piccolo Kanna.
O Madre, cullalo finché si addormenti.

L'indomani, alle sette del mattino di venerdì 25 agosto 1989, la Madre fece chiamare Narayanan. Quando arrivò, gli disse che Ottur avrebbe lasciato il corpo nelle prossime ore e gli chiese di domandare allo zio se desiderasse essere cremato nell'ashram o nel suo luogo natale. Narayanan trasmise questo messaggio allo zio. Con voce flebile, Ottur rispose in tono deciso e con un gesto enfatico della mano: "Voglio essere cremato qui, in questa terra sacra. Non ci sono altri luoghi".

Verso le dieci del mattino Ottur pregò *brahmacharini* Lila, che era al suo capezzale,[19] di chiamare la Madre. Lila, che stava

[19] Lila ha assunto il nome monastico di Swamini Atmaprana. A quel tempo esercitava la professione medica.

spiegando a Narayanan il dosaggio di una medicina, non lo sentì. Allora Ottur le diede una forte spinta ed esclamò gesticolando: "Basta medicine! Vai a chiamare la Madre". Lila uscì; nei minuti seguenti era possibile vedere con chiarezza le labbra dell'uomo muoversi, mentre mormorava senza sosta: "Amma, Amma, Amma...". In tal modo, Ottur scivolò in uno stato simile al *samadhi*.

La Madre era nella sua casa. Appena vide entrare Lila, disse: "Tra pochi minuti Otturmon lascerà il corpo, ma non è ancora giunto il momento di andare da lui. Adesso la sua mente è completamente concentrata su Amma. L'intensa concentrazione lo condurrà allo stato di *layana* (unione). A quel punto Amma si recherà da lui. Se Amma andasse prima, la concentrazione diminuirebbe".

Pochi istanti più tardi la Madre si diresse verso la stanza di Ottur, seguita da Lila. Entrò con un sorriso radioso e sedette sul letto accanto a Ottur. Con una luce straordinaria sul volto, continuò a fissare il volto del suo Unni Kanna, come per dirgli: 'Vieni, figlio mio. Vieni, mio amato Unni Kanna, e fonditi con me, la tua Madre eterna'. Come lei aveva predetto, Ottur era nello stato di *layana*. La Madre lo accarezzava, massaggiandogli il capo e il petto con infinito amore e compassione. Sebbene in *samadhi*, gli occhi di Ottur erano semichiusi. Il suo volto non esprimeva dolore né lotta, ma rivelava con chiarezza il suo stato di assorbimento e di beatitudine. Lentamente la Madre si avvicinò alla sua testa, gliela sollevò e la posò sulle sue ginocchia. Amma teneva la mano destra sul petto di Ottur, continuando a fissare il volto del suo amato figlio.

Mentre il grande poeta e devoto, l'Unni Kanna di Amma, era sulle sue ginocchia, Amma gli accarezzò le palpebre che si chiusero per sempre. Ottur lasciò il corpo, e la sua anima si fuse per sempre con Amma. La Madre si chinò e depose un bacio tenero e affettuoso sulla sua fronte.

Così, gli ultimi versi del poema *Kannante Punya*, scritto da lui venticinque anni prima dell'incarnazione di Amma, divennero realtà grazie alla compassionevole Madre dell'universo:

"Avendo recitato la mia parte, quando giacerò finalmente in grembo a mia Madre? Adagiato sulle Sue ginocchia, quando dormirò in completa beatitudine? E nel mio sonno, quando sognerò la mirabile forma di Sri Krishna che dimora nel mio cuore? E al mio risveglio, quando vedrò il Signore Krishna, Colui che incanta il mondo intero?"

Questo episodio è un esempio lampante di come il *Satguru*, che non è altri che Dio stesso, soddisfi i desideri di un devoto sincero. Un altro aspetto saliente è la promessa di Amma a Ottur, che temeva di lasciare il corpo mentre lei era in viaggio. Come abbiamo già detto, la Madre aveva risposto: "Unni Kanna, figlio mio, questo non accadrà. Lascerai il corpo solo dopo il ritorno di Amma".

Chi può fare una promessa del genere, assicurando a una persona che non morirà prima di una certa data? La risposta della Madre risuonava molto categorica, era come se Amma avesse il pieno controllo della morte e le dicesse: "Finché non ti do il permesso, non toccare il mio amato figlio". E la morte le obbedì! Chi altri, se non Amma, può comandare così la morte? Secondo le parole di Ottur, Amma è "la Madre Divina dell'universo, la completa manifestazione della Verità assoluta (*Brahman*), l'incarnazione dell'Esistenza, della Coscienza e della Beatitudine: in verità, è la Dea Suprema in forma umana".[20]

[20] da I 108 Nomi di Amma.

Chi, se non il Divino stesso, può emanare un tale ordine? Solo Colui che ha trasceso la morte le può dire: 'Fermati, e aspetta che io ti chiami'. E non è accaduto proprio questo?

Dopo la morte di Ottur, N.V. Krishna Warrier, illustre scrittore, linguista e studioso del Kerala, scrisse un editoriale su questo poeta pubblicato su uno dei principali quotidiani. "Ottur vide la giovane Mata Amritanandamayi come la Madre dell'universo. Lei amò teneramente l'anziano Ottur come se fosse suo figlio. Fu un rapporto madre-figlio davvero fuori del comune".

Ma ritorniamo al pomeriggio di qualche anno prima della morte di Ottur. Balu ritornò nel palmeto tenendo per mano l'anziano poeta. Con grande devozione e umiltà, Ottur si gettò ai piedi di Amma. Mentre era prostrato, le disse: "Amma, sapevi che questo tuo servo anelava vederti. Mi struggevo dal desiderio di essere vicino a te. O Amma, mi hai mandato a chiamare perché conoscevi il desiderio del mio cuore. Ti prego, posa i tuoi santi piedi sulla mia testa". La Madre rise e gli disse: "No, no, Unni Kanna, sono sporchi di terra". Con una voce possente e in tono solenne, l'uomo replicò: "Cosa dici? Sporchi? I tuoi piedi? O Amma, non dire così, so che la polvere dei tuoi piedi può distruggere le tenebre dell'ignoranza che avvolgono il mondo intero. Ti prego, posa i tuoi piedi sulla mia testa, altrimenti non mi alzerò".

La Madre dovette infine acconsentire al suo desiderio e gli poggiò i piedi sulla testa. Rapito, Ottur, il grande devoto, ripeté a voce alta: "*Anandoham, dhanyoham, anandoham...*" (Sono nella beatitudine, sono benedetto, sono nella beatitudine). E mentre cantava così, prese la polvere dei piedi della Madre e la cosparse sul suo corpo.

Poi s'inginocchiò dinanzi ad Amma che l'abbracciò affettuosamente. Il grande poeta la guardò come un bambino innocente e con gli occhi pieni di lacrime esclamò: "O Amma, non abbandonare mai questo figlio, permettimi di stare sempre alla tua divina presenza".

Glossario

Abhaya mudra: gesto della mano con il quale si accorda lo stato di assenza di paura.

Achara: buone norme, etichetta.

Arati: rituale eseguito al termine del culto in cui viene fatta ondeggiare una fiamma di canfora ardente a simboleggiare l'abbandono del sé a Dio o al Guru, al suono di una campanella. Come la canfora, anche l'ego brucia senza lasciare la minima traccia.

Atma shakti: l'energia del Sé o dell'Anima.

Avatar: incarnazione di Dio.

Bhajan: canto devozionale.

Bhava: atteggiamento, umore, stato divino.

Brahman: la Realtà assoluta, il Tutto; "Quello" che comprende e pervade ogni cosa.

Brahmachari: aspirante spirituale che dedica la sua vita al servizio di Dio e che, per raggiungere la meta, pratica il celibato e il controllo dei sensi.

Darshan: visione di una divinità o incontro con un santo.

Dharma: rettitudine, norma conforme all'armonia divina.

Guru: maestro o guida spirituale; colui che dissipa le tenebre dell'ignoranza.

Jagrat: stato di veglia.

Kirtan: canto devozionale corale.

Lalita Ashthottara: I 108 Nomi di Sri Lalitambika, la Madre Divina.

Layana: unione con la coscienza divina.

Lila: gioco, rappresentazione divina.

Mahatma: Grande Anima, saggio.

Maya: illusione.

Moksha: affrancamento dal ciclo di nascita e morte.

Mudra: gesto della mano che indica verità spirituali mistiche.
Nirvana: liberazione dal ciclo di nascita e morte.
Pada puja: abluzione rituale dei piedi di Dio o di un santo.
Panchamritam: dolce dalla consistenza di una marmellata offerto a Dio nei templi indù.
Parashakti: l'Energia Suprema o la Dea suprema.
Pitham: seggio sacro su cui si siede la Madre durante il *Devi bhava*.
Pralayagni: il fuoco della dissoluzione dell'universo che pone fine alla creazione.
Prasad: offerta consacrata distribuita al termine del culto.
Puja: pratica rituale di culto; rito di adorazione.
Punya: merito, contrapposto a demerito, peccato.
Purnam: pieno o perfetto.
Purusha: essere maschile primordiale; Spirito supremo, Dio.
Purushartha: i quattro scopi dell'esistenza umana, ovvero, acquisire prosperità materiale, godere del piacere dei sensi, compiere il proprio dovere nel mondo e conseguire la liberazione dal ciclo di nascita e morte.
Rajas: uno dei tre guna o qualità della natura caratterizzato dall'attività, dal dinamismo.
Sadhak: aspirante spirituale.
Sadhana: pratica spirituale.
Sakshi bhava: atteggiamento del testimone.
Samadhi: assorbimento della mente nella Realtà o nella Verità.
Sankalpa: risoluzione, intenzione creatrice.
Sannyasin: monaco che ha preso i voti formali di rinuncia.
Sarvasakshi: il Testimone di ogni cosa.
Satguru: maestro spirituale realizzato.
Sattva: uno dei tre guna o qualità della natura; rappresenta la purezza e la serenità.
Shiva lingam: pietra ovale oblunga che simboleggia generalmente il Signore Shiva.

Sushupthi: lo stato di sonno profondo e senza sogni.

Svapna: lo stato di sogno.

Tapas: austerità, pratiche ascetiche volte a bruciare le impurità della mente.

Upanishad: la parte conclusiva dei *Veda* o delle Scritture indù che tratta della natura dell'Assoluto, di *Brahman*, la Realtà trascendente, il vero Sé.

Utsavam: festa.

Vahana: veicolo, cavalcatura di una divinità.

Vasana: impressioni residue di oggetti fruiti o azioni compiute che si manifestano sotto forma di abitudini.

Veda: le autorevoli Scritture dell'Induismo. Il termine "veda" significa conoscenza.

Yantra: diagramma mistico.

www.ingramcontent.com/pod-product-compliance
Lightning Source LLC
LaVergne TN
LVHW051730080426
835511LV00018B/2982

* 9 7 8 1 6 8 0 3 7 7 3 5 4 *